# À la retraite, re-traiter sa vie

**Données de catalogage avant publication (Canada)**

Mercier, Lucie
   À la retraite, re-traiter sa vie

   1. Retraite – Planification.   I. Titre.

HQ1062.M47  2000           646.7'9      C00-940524-0

DISTRIBUTEURS EXCLUSIFS:

• Pour le Canada
  et les États-Unis:
  **MESSAGERIES ADP\***
  955, rue Amherst,
  Montréal, Québec
  H2L 3K4
  Tél.: (514) 523-1182
  Télécopieur: (514) 939-0406
  \* Filiale de Sogides ltée

• Pour la France et les autres pays:
  **INTER FORUM**
  Immeuble Paryseine, 3, Allée de la Seine
  94854 Ivry Cedex
  Tél.: 01 49 59 11 89/91
  Télécopieur: 01 49 59 11 96
  Commandes: Tél.: 02 38 32 71 00
               Télécopieur: 02 38 32 71 28

• Pour la Suisse:
  **DIFFUSION: HAVAS SERVICES SUISSE**
  Case postale 69 - 1701 Fribourg - Suisse
  Tél.: (41-26) 460-80-60
  Télécopieur: (41-26) 460-80-68
  Internet: www.havas.ch
  Email: office@havas.ch
  DISTRIBUTION: OLF SA
  Z.I. 3, Corminbœuf
  Case postale 1061
  CH-1701 FRIBOURG
  Commandes: Tél.: (41-26) 467-53-33
                Télécopieur: (41-26) 467-54-66

• Pour la Belgique et le Luxembourg:
  **PRESSES DE BELGIQUE S.A.**
  Boulevard de l'Europe 117
  B-1301 Wavre
  Tél.: (010) 42-03-20
  Télécopieur: (010) 41-20-24

Pour en savoir davantage sur nos publications,
visitez notre site: **www.edhomme.com**
Autres sites à visiter: www.edjour.com • www.edtypo.com
www.edvlb.com • www.edhexagone.com • www.edutilis.com

L'Éditeur bénéficie du soutien de la Société de développement des entreprises culturelles du Québec pour son programme d'édition.

Nous remercions le Conseil des Arts du Canada de l'aide accordée à notre programme de publication.

Nous reconnaissons l'aide financière du gouvernement du Canada par l'entremise du Programme d'aide au développement de l'industrie de l'édition (PADIÉ) pour nos activités d'édition.

Dépôt légal: 2e trimestre 2000
Bibliothèque nationale du Québec

ISBN 2-7619-1540-2

LUCIE MERCIER

# À la retraite, re-traiter sa vie

 LES ÉDITIONS DE L'HOMME

*À André, mon compagnon de vie,*
*pour son appui indéfectible*

# PRÉFACE

Les mots se bousculent, les réalités s'entrecroisent. Qui dit retraite, *surtout aujourd'hui, laisse souvent entendre arrêt brutal de travail, chômage forcé, isolement, inactivité sociale. Comme si tout à coup la vie s'arrêtait! C'est pourtant pour certains l'heure rêvée de la créativité, de la liberté et du retour aux rites familiers de la vie quotidienne.*

*Il y a les retraites volontaires, involontaires, forcées, prématurées, préfabriquées par un comptable astucieux; il y a les autres retraites, directes, consenties ou en train d'être apprivoisées. Chaque espèce, on s'en doute, varie selon les âges et les saisons de la vie. Maintenant, constate l'auteur, «le cycle de la vie s'est allongé, il comprend plusieurs âges et les étapes suivent un enchaînement quelque peu désordonné... La multiplicité actuelle des modèles de retraite laisse entrevoir une mosaïque bigarrée.»*

*Défis presque trop évidents; il s'agit pour le nouveau retraité de re-traiter sa vie, de re-identifier ses talents, de re-programmer son quotidien, de quitter ses habitudes en fonction d'un autre milieu de vie, de prévoir de nouvelles occupations.*

*Que de fantômes à exorciser! Si, par ailleurs, survient la maladie ou un deuil familial, en plus de l'échec social ou de l'inactivité apparente, la retraite devient encore plus menaçante. Courage! Courage! «Pour atteindre un développement optimal au cours du troisième âge — par exemple — la personne doit* demeurer active, s'adapter au temps présent, entretenir des relations chaleureuses, mettre ses talents au service d'autrui et maintenir une dimension spirituelle.» Ainsi se construirait peu à peu non plus seulement une retraite en soi et pour soi, mais une retraite positive, altruiste, marquée par de nouvelles solidarités.

Chercheur en sciences humaines depuis plusieurs années, docteur en sociologie pratique et experte en récits de vie intergénérationnels, Lucie Mercier possède de toute évidence le tact et la sensibilité pour réfléchir à haute voix sur ces situations souvent difficiles à percevoir et encore davantage à vivre au jour le jour. Généreuse et sage, elle n'en est pas à ses premières interventions dans ce domaine et son savoir-faire pratique se traduit jusque dans l'écriture.

La courte bibliographie sélective insérée à la fin de l'ouvrage montre qu'elle est au fait des divers cheminements possibles. Mais ce qui, à notre avis, marquera davantage la lecture de ce livre est que son auteur est sans cesse à l'écoute de l'autre; elle prévoit, suggère, donne un détail plus significatif, à l'occasion elle personnalise, elle nomme Paul, Philippe... Oui, un essai qui promet d'être utile à bien des gens. Facile à lire, facile à consulter. Et en plus, réconfortant.

BENOÎT LACROIX
Professeur émérite à l'Université de Montréal

# INTRODUCTION

P aul a quitté son emploi au printemps 1997 dans le cadre du Programme de départ volontaire à la retraite instauré par l'État. Après 32 ans de carrière dans la fonction publique où il a gravi les échelons, changé quelquefois de départements et occupé divers postes, il a terminé ce long parcours à la direction d'un important service dans un ministère. Avant d'obtenir cette dernière responsabilité, comme de nombreuses autres personnes à l'emploi du gouvernement québécois, il avait traversé, non sans difficulté, quelques phases de restructuration et de redéploiement. Chaque fois, il avait échappé à la mise en disponibilité, mais il savait qu'il lui restait peu de temps à travailler et qu'un jour, son tour viendrait. Même s'il avait remarqué, dans son entourage, les nombreux départs d'employés[1] n'ayant pas 60 ans, il n'avait pas pour autant envisagé de prendre une retraite anticipée. Encore en pleine possession de ses moyens, il comptait se rendre au moins jusqu'à 35 ans de service ou même jusqu'à l'âge de 60 ans. Surtout que sa conjointe, plus jeune de quelques années, ne souhaitait pas, pour l'instant, abandonner son travail, les obligations familiales continuant d'accaparer une certaine part du budget. Finalement, la vie en a décidé autrement.

---

1. Dans cet ouvrage, le générique masculin désigne tout autant le féminin, cela dans le but d'alléger le texte.

En quelques semaines, Paul a dû prendre une décision : partir ou rester. Il n'a pu résister à l'offre intéressante qu'on lui soumettait. À 55 ans, il s'est retiré de la vie active.

Je reviendrai sur l'histoire de Paul et sur celle d'autres retraités comme lui. Pour l'instant, ce qui me préoccupe est cette tendance de plus en plus répandue de prendre une retraite précoce, c'est-à-dire avant 65 ans et même 60 ans. Dans son rapport annuel de 1997-1998, la Commission administrative des régimes de retraite et d'assurance (CARRA) mentionne que 36 500 personnes ont pris leur retraite à l'occasion du programme de départ volontaire de l'État. Généralement, la CARRA établit à environ 8500 par année le nombre de départs à la retraite. Parmi les retraités de 1997, la moitié d'entre eux avaient moins de 55 ans, alors qu'entre 1993 et 1995, 60 % des nouveaux retraités avaient au moins 60 ans. Ces chiffres sont éloquents et traduisent l'ampleur du phénomène. Qui plus est, ces statistiques n'incluent pas les départs des employés des entreprises privées ou d'autres secteurs d'activités non rattachés à la CARRA. Au surplus, si l'on ajoute les cas de travailleurs et travailleuses mis à pied autour de la cinquantaine et dont la possibilité de se replacer est plus qu'aléatoire, on est en droit de s'interroger sur l'impact qu'aura, dans un avenir peu éloigné, sur la société et sur l'ensemble des générations un nombre aussi important de personnes de plus de 50 ans vivant hors du monde du travail. Personnes qui, la plupart du temps, sont en bonne santé et souhaitent demeurer encore actives sur le marché du travail.

Actuellement, la retraite constitue un thème très à la mode. Les médias en parlent régulièrement et l'abordent sous de multiples aspects, mais surtout sous l'angle économique. Les politiciens, les chercheurs et autres penseurs en parlent également. Du côté de la société, l'inquiétude porte sur le coût que représentera le versement de nombreuses pensions de retraites au moment où les effectifs jeunes ne cessent de diminuer. L'inquiétude porte aussi sur l'allongement de cette période d'inactivité qui, au fil des ans, risque d'entraîner des dépenses plus lourdes dans les domaines de la santé et des services sociaux. Du côté de l'individu, on sollicite et on incite de plus en plus les travailleurs comme les retraités à une planification financière rigoureuse de manière à s'assurer une sécurité et une tranquillité à toute épreuve, une fois parvenus à cette étape de leur vie. Sur cette question, les experts se multiplient.

Malgré cette vision alarmiste concernant l'augmentation du nombre des retraités et de ses présumées conséquences, jamais on n'aura autant présenté la retraite comme une période aussi séduisante avec la perspective d'avoir tout son temps à soi. Comme des vacances sans fin que seuls des problèmes de santé repoussés de plus en plus tard dans le cycle de vie viennent quelque peu assombrir. Avant d'en arriver là, c'est la vie rêvée, l'absence de contraintes, la liberté totale. D'ailleurs, ce sujet intéresse non seulement les femmes et les hommes en fin de carrière ou déjà entrés dans cette phase d'après-travail, mais aussi, pour des raisons différentes, les jeunes et les gens d'âge moyen. Les premiers, pressés de s'insérer sur le marché du travail de façon stable, se réjouissent à l'idée d'occuper enfin les places laissées par les plus âgés ; les seconds, fermement conviés à répondre à des critères d'excellence et de rendement dans leur travail, sont souvent épuisés et aspirent à se retirer au plus vite.

La retraite actuelle offre une double image : elle apparaît à la fois attrayante et redoutable. Comment se traduit cette double perception chez les personnes impliquées dans ce processus du passage à la retraite ? Et que signifie prendre sa retraite à l'aube de l'an 2000 ? Les femmes et les hommes qui se sont retirés du marché du travail au cours des années 1990 ou qui comptent le faire au tournant du millénaire vivent une situation inédite dans l'histoire. Ils franchissent ce moment de l'existence dans un contexte de profondes mutations sur le plan social, économique, démographique, etc. Ces transformations se répercutent sur l'individu et modifient son parcours de vie.

Alors que l'espérance de vie ne cesse d'augmenter, la sortie de l'univers du travail s'effectue de plus en plus tôt, ce qui introduit une nouvelle étape entre la fin de l'activité rémunérée et le déclin des capacités. À l'intérieur du cycle de vie, le temps

13

de la retraite s'étale désormais sur plusieurs années (15, 20 ou 25 ans) et peut égaler le temps passé au travail. La retraite constitue donc une période de plus en plus longue et l'un des moments critiques dans la vie d'une personne, d'où l'importance d'y apporter une attention particulière et de s'y préparer adéquatement. Il importe de bien négocier ce passage d'une vie centrée sur le travail à une vie hors travail. Bref, il importe de re-traiter sa vie, d'élaborer un projet qui lui donne sens et signification. Tel devrait être l'objectif de cette nouvelle étape.

J'aborderai ici la retraite dans une perspective psychosociale en accordant une place centrale à la personne qui arrive à ce moment de l'existence. Cependant, pour vous aider à mieux saisir les enjeux de cette transition, j'examinerai l'individu dans sa façon de vivre, de réagir et de composer avec son nouveau statut de retraité, mais également en tenant compte de son milieu environnant. Pour ce, je ferai un détour afin de situer le contexte sociohistorique dans lequel a pris naissance la retraite. Car la retraite telle qu'on la conçoit aujourd'hui n'a pas toujours existé. Il s'agit d'une invention somme toute assez récente qui ne remonte qu'au XIXe siècle. Au fil du temps, nous en suivrons succinctement l'évolution à travers l'histoire du grand-père et du père de Paul.

À la suite de ce survol, j'insérerai l'étape de la retraite dans l'ensemble du parcours de vie de la personne. En d'autres mots, la retraite dans le temps d'une vie, la place qu'elle occupe en regard des étapes précédentes. Ce sera l'occasion d'esquisser des pistes de réflexion, d'effectuer des retours en arrière pour mieux orienter l'avenir, d'apprivoiser cette liberté toute neuve, d'inventorier ses images de la retraite et plusieurs autres dimensions.

En plus de l'impact sur la situation personnelle et professionnelle, quel est l'impact de la retraite sur les relations conjugales, familiales et sociales? Quelles préoccupations, quels sentiments, quelles inquiétudes habitent les futurs et les nouveaux retraités? Après quelques mois, un an, deux ans ou plus de cet autre mode de vie, dans quel état d'esprit se trouvent les retraités? L'organisation du temps quotidien pèse-t-elle? Au jour le jour, comment vit-on ? Ce sont là autant de questions qui pointent à l'horizon et qui méritent réflexion, analyse et éléments de réponse.

Enfin, le lecteur pourra, à partir de l'examen de sa propre situation et de la présentation de modèles et d'activités de retraite, identifier et préciser ses intérêts. Tout cela en vue de l'élaboration d'un projet à sa mesure et selon les possibilités qu'offre le milieu environnant. Aménager un temps pour soi et aussi pour les autres afin de faire profiter de l'expérience acquise, voilà autant d'aspects qui entrent en ligne de compte et qui favorisent le développement de nouveaux réseaux d'échanges et de relations ou le maintien de liens déjà établis. Tel est donc l'itinéraire que je propose à la personne souhaitant aborder cette étape de la retraite avec confiance et sérénité.

Avant d'entrer dans le vif du sujet, il convient de préciser que la démarche entreprise ici repose, pour une certaine part, sur une recherche[2] que j'ai effectuée sur la question du passage à la retraite dans une perspective de transformation du cycle de vie et d'un développement continu de la personne à toutes les étapes de l'existence. Basés sur l'étude du parcours professionnel d'individus au tournant de la retraite, des stades d'adaptation, des modèles, des pratiques et des stratégies de réinsertion sociale ont vu le jour. Les pages suivantes contiennent des exemples concrets qui permettent de mieux comprendre les enjeux de la retraite. Provenant à la fois de sources personnelles et professionnelles, ces histoires ont été parfois remaniées, parfois reconstruites pour préserver le caractère de confidentialité. Plusieurs exemples semblables ont quelquefois mené à la construction de cas typiques.

---

2. Lucie Mercier. *Continuité et inversion : deux modèles de passage à la retraite*, thèse de doctorat (sociologie), Québec, Université Laval, 1993.

# PREMIÈRE PARTIE

―――――――

## La retraite au fil du temps

# CHAPITRE PREMIER

# Émergence de la retraite[3]

Aujourd'hui, le terme « retraite » ne pose pas trop d'ambiguïté. Dans l'esprit de la majorité des gens, il signifie arrêt du travail rémunéré et période de temps non structurée par un emploi. À partir de ce moment, on touche une pension, qui provient d'une somme accumulée pendant la durée de la vie active. Cette somme a été amassée grâce au pourcentage prélevé sur le salaire de l'employé, auquel l'employeur a aussi apporté sa contribution. La retraite évoque également le Régime de rentes du Québec et l'admissibilité, à l'âge de 65 ans, à la « pension de vieillesse » accordée par le gouvernement

---

3. Pour la rédaction de ce chapitre, l'auteur s'est inspirée des ouvrages et articles suivants : *Naissance du vieillard, Histoire du Québec contemporain, La retraite : Essai de définition*, « La vieillesse : reflet d'une construction sociale du monde », *Acteurs et enjeux de la gérontologie sociale, Sociologie du temps*, « On ne vieillit plus aujourd'hui de la même façon qu'hier » et « À propos des pouvoirs gris », dont les références complètes apparaissent dans la bibliographie.

fédéral. La retraite renvoie donc à l'étape de la vie qui se caractérise par l'absence de travail rémunéré et par l'encaissement des revenus de pension et autres permettant d'assurer sa subsistance. La référence au temps et à l'argent est au centre de la retraite. Il faut cependant souligner qu'au fil des ans, la retraite a pris diverses significations.

## AUX ORIGINES...

Il faut remonter dans le passé pour voir comment cette notion a pris naissance et s'est matérialisée. En France, la retraite date du XVIIIe siècle, une époque où l'on commence à reconnaître un statut aux vieillards. Au cours des siècles précédents, les représentations de la vieillesse sont assez contradictoires. L'image de la personne âgée respectable voisine avec celle d'une personne dévalorisée n'attirant que la moquerie. Bien souvent, elle n'a alors que 40 ou 50 ans.

Cependant, particulièrement vers la seconde moitié de ce siècle, un changement s'opère et coïncide avec le fait qu'un nombre plus important d'individus atteint l'âge de 60 ans. On admire les cas de grande longévité et le terme de patriarche apparaît. C'est l'apparition du vieillard noble. Alors qu'auparavant le moment de l'existence où l'on était considéré comme « vieux » était propice à la préparation à la mort, il s'agit maintenant d'une période de lutte contre l'affaiblissement. On prône désormais une existence active jusqu'au terme de la vie. Socialement, on vénère la personne âgée ; dépositaire d'une mémoire, elle exerce un rôle de transmission des valeurs. On reconnaît la sagesse et l'expérience. Avec ce courant prend forme le souci d'améliorer ses conditions de vie matérielle, mais bien des tâtonnements ont précédé cette préoccupation.

En France, l'idée de retraite est d'abord ébauchée par des institutions comme l'Église, l'armée, la fonction publique ou parapublique. Dès 1737, on utilise le mot « retraite » dans le sens de pension assurée aux personnes dont le capital est constitué par des retenues sur le traitement antérieur. Dans les siècles passés, les personnes âgées, qui n'avaient rien d'autre que leur travail pour vivre, connaissaient la pauvreté lorsqu'elles se retrouvaient dans l'incapacité de travailler. C'est cette pénible réalité qui est à l'origine d'une réflexion et de l'organisation progressive de mesures pour assister les vieillards sans patrimoine. Au départ, l'aide se manifeste sous forme de charité. Des hôpitaux ouvrent leurs portes pour offrir le gîte aux indigents. Dès le début, la retraite a donc une connotation économique : elle est liée à des difficultés financières qui résultent de l'arrêt de travail causé par les handicaps de l'âge.

Toute cette évolution vers la notion de retraite et ses applications s'échelonne sur une longue période et se traduit par des tendances de fond. De cet esprit de charité, on passe au développement d'attitudes de prévoyance. Le XIXe siècle est marqué par le passage d'une politique fondée sur l'assistance à celle d'une assurance-retraite. Cette transition s'est accompagnée d'une mutation dans les conceptions de la vie : la conduite humaine n'est plus seulement régie par la confiance en Dieu, l'individu a désormais sa part de responsabilités en matière de prévision et dans la recherche d'une sécurité. On remet en question un destin marqué par la fatalité.

Les moyens mis en œuvre découlent également de profonds changements socioéconomiques reliés aux phénomènes d'industrialisation et d'urbanisation. À titre d'exemple, dans l'Allemagne de la fin du XIXe siècle, le chancelier Bismarck sert de modèle au monde industrialisé en instituant, pour les travailleurs, la retraite obligatoire à 65 ans. Ils sont toutefois peu nombreux à pouvoir se prévaloir de cet avantage. En effet, à ce moment-là l'espérance de vie se situe autour de 46 ans.

## LE DÉVELOPPEMENT INDUSTRIEL ET SES CONSÉQUENCES

L'ensemble des sociétés occidentales a été touché par le vaste mouvement d'industrialisation qui, tout au long du XIXe siècle et jusqu'aux années 1950, a peu à peu fait disparaître les anciens modes de vie. C'est le passage de la vie traditionnelle à la vie moderne, celle qui s'est mise en place au cours de ce siècle. Au

Québec, le développement industriel connaît une expansion surtout vers la fin du XIX$^e$ siècle et au début du XX$^e$ siècle. Cette période est particulièrement effervescente dans plusieurs domaines. Ici comme ailleurs, des nouveautés de toutes sortes font leur apparition et se développent : la construction des routes et des chemins de fer, l'avion, l'automobile, l'électricité, l'eau courante, la bicyclette, le téléphone, la radio et bien d'autres choses encore. Ces inventions modifient les conditions de vie et transforment le paysage.

Des industries, des usines ouvrent leurs portes. Un grand nombre d'hommes et de femmes quittent la campagne et viennent s'établir en milieu urbain. Ils joignent les rangs des ouvriers et ouvrières qui se sont trouvé du travail dans diverses entreprises et lieux de production à la chaîne. Cette période se distingue par une forte migration vers la ville. Les déplacements géographiques sont nombreux et plusieurs se dirigent, non seulement vers les centres urbains du Québec, mais aussi vers la Nouvelle-Angleterre. Vers 1900, la population du Québec est rurale dans une proportion de deux tiers, mais cette proportion s'inverse autour des années 1930 où la population est davantage urbaine.

Cette époque est marquée par la disparition graduelle d'une organisation artisanale du travail au profit d'une production industrielle. L'autosuffisance caractérisait jusqu'ici le mode de fonctionnement des familles. Vêtements, produits alimentaires et autres biens sont, la plupart du temps, fabriqués sous le toit familial. Peu à peu, l'industrie remplace ce qui se fait à la maison. Certains parlent de révolution industrielle, tant ce nouveau système change tout : mécanisation des procédés, division technique des tâches, production dans des lieux prévus à cet effet, développement du salariat, objectifs d'efficacité et de rentabilité, etc. Bref, le capitalisme s'installe ; c'est aussi le commencement d'un marché du travail tel qu'on le connaîtra par la suite. Ces transformations majeures se répercutent sur l'ensemble de la société et sur le genre de vie des familles. De cela naît une organisation sociale en sphères distinctes : vie publique/vie privée. L'univers du travail et l'univers de la famille constituent désormais des mondes différents.

En milieu rural, l'homme, la femme, les enfants et même les grands-parents, lorsqu'ils sont capables, apportent leur contribution pour subvenir aux besoins de la famille. D'une manière générale, tous travaillent en un même lieu. La cellule familiale remplit une fonction productive, mais cette fonction tire à sa fin. Avec le déménagement en ville, non seulement l'environnement et la façon de travailler changent, mais la vie familiale est passablement bouleversée. Notamment celle des ruraux installés en ville qui travaillent dans une manufacture ou un commerce et qui doivent bien souvent s'entasser avec leur famille dans des logements exigus et dépourvus de tout confort. Dans ce contexte, pas ou très peu de place pour la famille étendue qui, jadis, comprenait souvent trois générations et à laquelle s'ajoutaient parfois une tante, un cousin ou un autre membre de la famille. Les familles nucléaires (parents et enfants uniquement) sont plus nombreuses et deviennent la norme. De plus, elles achètent dorénavant des biens qu'auparavant elles pouvaient produire. De productives, elles deviennent progressivement consommatrices. Évidemment, ces changements s'étalent dans le temps.

Les premiers groupes de travailleurs se sont cependant heurtés à de nouveaux problèmes. Ces salariés aux faibles revenus parviennent difficilement à amasser un patrimoine et en vieillissant, leur rendement est souvent jugé médiocre. Ils éprouvent de la difficulté à suivre le rythme de production qui s'accélère continuellement. Moins productifs en raison d'une usure physique, des tâches difficiles et de leurs méthodes de travail rendues caduques, ils sont mis à pied. Les conditions dans lesquelles ils travaillent varient cependant d'une entreprise à l'autre. Plusieurs d'entre eux sont devenus malades et se sont trouvés dans un état misérable parce qu'ils étaient sans ressources et dans l'impossibilité d'être pris en charge par leurs proches.

La société industrielle a ainsi engendré une classe d'individus inactifs et dépendants parce qu'ils étaient exclus du système. Devant l'ampleur de ce phénomène, il a fallu mettre en place des dispositifs pour améliorer le sort de ces personnes. Les communautés religieuses et des organismes privés ont d'abord suppléé à l'aide plus restreinte des familles. Par exemple, au Québec, entre 1840 et 1921, on assiste à une importante expansion d'institutions pour vieillards. Une quarantaine sont alors apparues.

Avant l'avènement du capitalisme et de l'industrialisation, famille et travail étaient étroitement imbriqués, de sorte que la personne qui prenait de l'âge pouvait maintenir ses activités aussi longtemps qu'il lui était possible de le faire. Elle conservait généralement un pouvoir d'autorité dans son milieu et son expérience était reconnue. Avec l'urbanisation et les familles réduites, les solidarités familiales, bien qu'elles n'aient pas entièrement disparu, ont été ébranlées. Dans ce contexte, de nombreuses familles ont été de moins en moins en mesure de supporter les parents vieillissants. L'État a dû intervenir et concevoir des politiques pour garantir un revenu de subsistance. Ainsi, d'une société qui comptait sur le groupe, en l'occurrence la famille ou la communauté paroissiale, pour assurer les besoins aux plus âgés, on est passé à une société qui veut rendre l'individu indépendant de ses proches, mais ce, avec l'appui de l'État.

## PHILIPPE, LE GRAND-PÈRE DE PAUL

Mettons-nous dans l'esprit de cette époque avec l'histoire de Philippe, grand-père de Paul. Philippe est né en 1875 dans le comté de Kamouraska. Ses parents étaient cultivateurs. Quatorze enfants sont nés : quatre d'une première union, dix d'une seconde dont trois sont morts en bas âge. Le père de Philippe s'est vite remarié après le décès de sa première épouse qui n'a pas survécu à des complications lors de la quatrième naissance. Des onze enfants parvenus à l'âge adulte — six garçons et cinq filles —, Philippe occupe le dernier rang. Il a donc grandi sur une ferme où chacun des membres de la famille apportait sa contribution. « On trimait dur dans ce temps-là », racontait-il plus tard à Paul et à ses autres petits-enfants. L'entretien des animaux, le défrichage de la terre avec ce qui s'ensuit, les nombreuses tâches domestiques, voilà de quoi était fait le quotidien. À

peu près tout était fabriqué à la maison. La grand-mère maternelle de Philippe habitait sous leur toit. Une tante de santé
fragile y avait également trouvé refuge et effectuait de menus
travaux. La famille ne vivait pas dans l'abondance, mais l'on
mangeait à sa faim. Au surplus, le père et les fils aînés quittaient
la maisonnée au cours de l'automne pour aller bûcher pendant
les longs mois d'hiver.

Philippe a peu fréquenté l'école. Pour s'y rendre, il fallait
marcher plusieurs kilomètres par beau ou par mauvais
temps. De plus, selon les saisons, les enfants, mais davantage
les garçons, devaient s'absenter pour effectuer divers travaux
dont la récolte. Ses sœurs, sauf l'aînée qui secondait la mère,
sont allées à l'école plus assidûment, mais sans dépasser
l'âge de 11-12 ans ou le cours primaire de l'époque. En 1890,
à 15 ans, Philippe a quitté sa campagne natale pour chercher
du travail à Québec. Il suivait l'exemple de deux de ses frères
aînés. Selon la tradition et moyennant certaines conditions, son
père avait fait don de la terre à l'un des fils plus âgé. Deux
autres avaient pu obtenir un lopin de terre sur lequel s'installer.
Toutefois, le père de Philippe ne pouvait subdiviser indéfiniment les arpents qu'il possédait. Les six frères et leurs descendants n'auraient pu y vivre. De toute manière, les bonnes terres
commençaient à se faire rares. Trois d'entre eux n'ont pas eu le
choix : ils ont dû quitter leur milieu natal afin de gagner leur vie.
Attirés vers des horizons nouveaux, ils ont suivi le mouvement
migratoire vers la ville.

Contrairement à d'autres jeunes ruraux qui arrivent à la ville
et doivent frapper à plusieurs portes avant d'être embauchés,
Philippe était presque assuré d'entrer à la même usine que ses
frères. Le dépaysement a été moins rude. Il a été engagé dans
une manufacture de chaussures. Cette industrie manufacturière légère embauchait une main-d'œuvre abondante et sans
qualification. La vie n'a pas été facile pour autant. Un horaire
exigeant l'attendait : 6 jours par semaine à raison de 10 heures
par jour. À cela s'ajoutait parfois du temps supplémentaire payé
au taux normal. L'atelier de travail était insalubre : sombre,
humide et poussiéreux. De surcroît, les machines étaient assez

25

bruyantes et le rythme de production trépidant. Philippe effectuait un travail routinier, une seule opération l'occupait dans l'ensemble de la confection. D'autres ouvriers s'adonnaient à des opérations différentes. Il fallait être endurant et surtout ne pas tomber malade, sinon le salaire n'entrait pas.

Rien ne ressemblait à l'existence qu'il avait menée jusque-là. Ses points de repère s'estompaient. Le travail agricole était soumis aux aléas de la nature, mais son organisation permettait une certaine forme de contrôle. Philippe accomplissait maintenant un travail tout aussi contraignant, mais mal payé, sans aucune protection et assorti d'une discipline difficile à supporter. Restait cependant la perspective du dimanche comme jour de congé.

Il a emménagé temporairement chez l'un de ses frères, mais l'exiguïté du logement ne pouvait permettre un séjour permanent. Les deux frères étaient mariés et avaient des enfants. Peu après, il est allé vivre dans une chambre meublée. Plus tard, Philippe, qui occupait toujours le même emploi, a élu domicile dans une maison à plusieurs appartements à proximité de son lieu de travail. Les ouvriers d'usine étaient installés dans ces logements mal aérés, mal éclairés, mal chauffés et dépourvus d'installations sanitaires. L'environnement était minable : rues non pavées, absence d'espaces verts, etc. Les normes urbaines en matière d'égouts, de construction, de mesures d'hygiène et de santé publique étaient plutôt déficientes.

On est à ce moment en 1897, et Philippe vient de se marier. Sa compagne est âgée de 19 ans. C'est à la sortie de l'usine qu'ils ont fait connaissance. Elle va demeurer au foyer après avoir travaillé pendant quatre ans dans une fabrique de vêtements. Malgré la faiblesse des revenus de Philippe, il n'était pas question qu'Émilie poursuive son travail à la manufacture. C'était vraiment trop dur et elle ne recevait qu'un maigre salaire, c'est-à-dire la moitié de celui de son mari. De toute façon, elle aurait beaucoup à faire. La famille n'allait pas tarder à s'enrichir de nouveaux membres.

Pendant les années entre son arrivée à la ville et son mariage, Philippe a connu quelques déboires. Presque chaque année, un ralentissement de la production pendant plusieurs semaines entraînait le licenciement temporaire ou définitif de nombreux employés. Pendant ces moments, Philippe était contraint de se chercher du travail ailleurs. Tant bien que mal, il parvenait à tenir le coup. L'entraide continuait à se manifester même en milieu urbain. En des temps difficiles, lui et les familles de ses deux frères se soutenaient. Parfois, des denrées alimentaires leur parvenaient de la famille restée là-bas. À l'occasion, il a dû recourir à la Société Saint-Vincent-de-Paul.

En ces périodes sombres, il n'a pourtant jamais envisagé de retourner vivre à la campagne comme certains le faisaient. En effet, il aurait pu aller défricher l'une de ces terres en région de colonisation. Le clergé et le gouvernement y incitaient fortement la population. Ou encore il aurait pu s'exiler aux États-Unis. Les usines de textile et de chaussures y proliféraient. Pourtant, malgré les mauvaises conditions de vie et d'emploi, il est demeuré à Québec.

Les années ont passé, six enfants sont nés. Au tournant du siècle, les femmes donnent en moyenne naissance à cinq enfants. Philippe a vécu quelques périodes d'arrêt, tantôt pour cause de maladie ou d'accident, tantôt en raison d'une baisse de la production. La situation rétablie, il retournait vite au boulot. Quant à Émilie, la première épreuve venue, elle s'est remise à la couture pour assurer la survie de la famille. Finalement, elle a toujours maintenu cette pratique qui a permis au couple et à leurs enfants de se mettre quelque chose sous la dent. C'est à force de stratégies de toutes sortes qu'ils n'ont pas vécu dans l'indigence. Jusque tard la nuit, elle cousait pour le compte d'un entrepreneur; ses filles ont aussi apporté leur contribution. À l'époque, les vêtements étaient le plus souvent taillés dans une usine, mais les pièces une fois coupées étaient acheminées dans les domiciles où femmes et filles les assemblaient. On appelait ce type d'emploi le *sweating system*. Il va sans dire que le salaire était dérisoire, mais il permettait de concilier tâches domestiques, soins aux enfants et travail rémunéré. Avec ce mince surplus, on atteignait à peine le seuil de pauvreté.

Jamais Philippe et sa famille n'ont connu l'aisance. Il est toujours resté locataire. Ses enfants plus vieux se sont hâtés d'entrer sur le marché du travail afin d'augmenter les revenus du ménage. Il n'y a que René, le benjamin et père de Paul, qui est allé à l'école plus longtemps. Il a fréquenté l'Académie commerciale.

À l'occasion d'un licenciement massif des effectifs âgés, Philippe a été remercié après un peu plus de 40 ans de loyaux services pour la même entreprise. On était en 1932, il n'avait que 57 ans. Il était malade et usé. Les dernières années avaient été particulièrement pénibles en raison de la crise qui sévissait depuis 1929. De plus, l'industrie de la chaussure, après avoir occupé en 1900 le deuxième rang de la production manufacturière, se retrouvait en 1929 au dixième rang. Après avoir connu une période d'expansion au début du siècle, la production a commencé à stagner dans les années 1920.

Par ailleurs, depuis plusieurs années, on évinçait les travailleurs les plus âgés sous prétexte qu'ils ne pouvaient suivre la cadence de la production ni s'adapter à de nouveaux procédés. Ainsi, en 1921, seulement la moitié des hommes de 65 ans et plus étaient encore actifs. L'âge en tant que tel y était pour peu : un vieillissement prématuré survenait en raison de conditions de travail exténuantes qui duraient. L'usure physique combinée à une incapacité professionnelle ainsi construite rendaient encore plus dramatique la situation de Philippe et des autres ouvriers comme lui.

Après toutes ces années de labeur, Philippe n'était pas au bout de ses peines. Avec son faible salaire et ses nombreuses obligations, il n'avait pu épargner et se trouvait presque dans un état de misère. Il n'avait pu cotiser à un fonds de retraite chez l'employeur pour lequel il travaillait. Ce n'était pas encore une pratique répandue à l'époque. En 1936, la loi sur les pensions de vieillesse a été promulguée au Québec, mais pour y avoir droit il fallait avoir atteint 70 ans.

Philippe est mort en 1934 à 59 ans, soit deux ans après s'être retiré. Il n'a donc pas connu de répit avant la fin de sa vie. Pour lui, la retraite a été brève et pas vraiment reposante. Elle a été à l'image de l'ensemble de son existence. Même si sa famille le supportait, Philippe a vécu ses deux dernières années triste et replié sur lui-même. Un état de dépendance et un sentiment d'inutilité ont prédominé durant cette période.

Son père, cultivateur, avait coulé, au milieu des siens, une vie plus paisible en vaquant à ses occupations habituelles jusqu'à la fin, mais de façon plus réduite. Il n'a pas connu de véritable rupture. Il a pu transmettre son savoir-faire à ceux qui l'entouraient. Ce qui n'a pas été possible pour Philippe qui avait toujours effectué des tâches peu valorisantes ne requérant aucune compétence particulière. Seule sa force de travail avait compté.

Il ne faut cependant pas croire que, en ces premières décennies du xxᵉ siècle, tous les individus dépassant la cinquantaine se sont invariablement retrouvés dans un état de misère et de pauvreté, en raison de l'intervention limitée de l'État. Comme à toutes les époques, il y avait des gens de diverses conditions, mais avant que s'améliore tangiblement le sort des ouvriers, une bonne proportion d'entre eux ont eu une existence pitoyable.

## LES DÉBUTS DE LA RETRAITE
## AU CANADA ET AU QUÉBEC

Ce n'est qu'en 1927 que le gouvernement fédéral adopte la loi sur les pensions de vieillesse. Il s'agit de la première mesure d'assistance spécifique à la vieillesse. Entre 1907 et 1927, les syndicats ont, à l'occasion, exercé des pressions qui ont donné lieu à la présentation de projets de loi, mais la Première Guerre mondiale est venue ralentir ce mouvement. À ce moment, deux projets de loi pour encourager l'achat personnel de rentes pour la vieillesse ont été adoptés, mais ils n'ont pas eu de succès. Les travailleurs n'avaient pas les moyens d'économiser en prévision de leurs vieux jours. Au Québec, des sociétés d'aide mutuelle ont vu le jour entre 1867 et 1920; elles assuraient une protection en cas d'invalidité et au moment de la vieillesse. Une minorité d'individus adhéraient à ces sociétés. En 1921, c'est plutôt la Loi d'assistance publique qui a permis d'apporter une aide aux personnes âgées nécessiteuses résidant en institution.

La crise économique de 1930 a permis de prendre conscience de façon plus aiguë des conditions lamentables dans lesquelles se trouvaient les familles ouvrières de même que les travailleurs âgés licenciés. Les institutions privées ne pouvaient plus suffire à la demande d'aide. C'est ainsi qu'en 1936, la loi fédérale est mise en application au Québec. L'universalisation du programme de sécurité de la vieillesse est réalisée en 1951 pour toute personne de 70 ans et plus, et à partir de l'année suivante, les personnes sans ressources qui ont entre 65 et 69 ans peuvent bénéficier d'une aide gouvernementale. De 1966 à 1970, l'âge d'admissibilité passe de 70 à 65 ans. Le développement d'une assistance aux personnes âgées constitue une première étape; avec la généralisation du salariat, une deuxième étape intervient dans une optique d'assurance-retraite.

Petit à petit, les employeurs ont dû ajuster leurs pratiques de licenciement en faisant coïncider le moment de mise à pied avec l'âge à partir duquel un travailleur pouvait percevoir la pension de l'État. De leur côté, les syndicats ont commencé à exercer leur action en réclamant de meilleures conditions salariales, la réduction des heures et le droit d'ancienneté pour les travailleurs. L'établissement de régimes de pension est ensuite venu. Au Canada, le premier régime de retraite privé collectif est celui de la compagnie de chemin de fer le Grand Tronc; il a été créé en 1874. En 1876, les fonctionnaires du gouvernement du Québec ont obtenu la même protection. Cependant, les régimes de retraite contributifs sont davantage apparus vers le milieu des années 1930; ils ont augmenté de façon substantielle entre 1950 et 1980, passant de quelques centaines à plus de 5000.

Outre le développement des régimes privés de retraite, l'adoption, en 1965, de la Loi sur le Régime de rentes du Québec instaurait un système contributif et obligatoire pour tout travailleur âgé de 18 ans et plus. Les cotisations fournies par les salariés et les employeurs ont permis de constituer une caisse pour pouvoir attribuer une rente de retraite à l'âge de 65 ans. Depuis 1984, cette rente peut être versée à partir de 60 ans. Au fil des années, d'autres changements ont été apportés; on y reviendra ultérieurement.

En même temps que les régimes d'assurance-retraite gagnaient du terrain, la Loi fédérale sur la sécurité de la vieillesse apportait, en 1967, une modification : le supplément de revenu garanti. Ce changement à la loi assurait un complément aux personnes de 65 ans et plus ayant peu ou pas de ressources financières à part la sécurité de la vieillesse. Au cours des années 1970, l'État a intensifié sa participation. Des services sociaux et de santé ont été mis sur pied de manière que toute personne de 65 ans et plus puisse subvenir convenablement à ses besoins. Certains de ces programmes d'aide et de soutien étaient universels, d'autres sélectifs. Ils ont largement contribué à diminuer le taux de pauvreté chez les aînés. Toutefois, le fait d'universaliser l'accès à des prestations et à certains services de base a conduit à la détermination arbitraire d'un âge : d'abord 70 ans, puis, graduellement, 65 ans.

Pendant toute cette période, l'âge de la retraite s'est donc progressivement abaissé ; 65 ans s'est imposé comme la référence qui détermine le passage vers une phase dite d'inactivité, en d'autres mots, l'âge obligatoire de la retraite. Avec le temps, l'âge est ainsi devenu un facteur de différenciation sociale et la retraite a fixé l'entrée dans une autre étape de l'existence, celle de la vieillesse. Auparavant phase intégrée à l'ensemble de la vie, la vieillesse, avec le développement du travail en industrie et la généralisation du salariat, est devenue un moment distinct de la vie adulte. Comme si, une fois à la retraite, l'individu perdait soudainement son statut d'adulte pour accéder à celui de « vieux ». Une scission s'est faite et une catégorie sociale improductive et dépendante économiquement a été fabriquée.

La vieillesse et la retraite se sont en quelque sorte institutionnalisées et les signes qui y sont associés apparaissent plus tôt. Au vieillissement biologique inéluctable s'est jointe une forme de vieillissement socialement construite parce que définie par l'admissibilité à la retraite et ce, indépendamment de la condition physique de la personne. L'image de la vieillesse s'en est trouvée altérée. Dans ce contexte, une préoccupation pour ce groupe d'âge s'est manifestée. Le domaine de la gérontologie a commencé à se constituer; la problématique s'est d'abord posée dans une perspective de déclin des capacités de la personne. La vieillesse s'est transformée en un problème social. Mais avant d'en arriver à la situation actuelle, poursuivons cette démarche à travers l'histoire de René, fils de Philippe et père de Paul.

## LE PARCOURS DE RENÉ

René est né en 1910; il est le dernier enfant de Philippe et d'Émilie. Bien qu'il ait grandi dans un milieu très modeste, pour ne pas dire pauvre, René est celui qui a été le plus choyé dans la famille. Il n'a que cinq ans quand ses deux frères aînés travaillent déjà en usine et rapportent un revenu à la maison. En 1916, il n'y a que lui et sa jeune sœur à ne pas contribuer financièrement aux dépenses de la famille. Il est le seul à avoir fréquenté l'école au-delà du primaire. Il a fait des études commerciales qui l'ont mené à un emploi où il accomplissait des tâches d'administration et de comptabilité pour une importante entreprise.

Il est entré sur le marché du travail en 1927, à 17 ans. René n'avait pas un salaire mirobolant, mais les conditions étaient nettement meilleures que celles que connaissaient son père et ses deux frères. La semaine de travail était moins longue et il exerçait son métier dans un espace salubre. Son tour était maintenant venu de payer une pension à la maison, d'autant plus que ses frères et l'une de ses sœurs avaient quitté le toit familial pour fonder leur propre famille. Ses deux autres sœurs faisaient de la couture avec leur mère.

René a échappé de justesse à la mise à pied durant les années 1930. Mais son salaire a diminué et il a dû retarder son mariage jusqu'en 1939, histoire de se renflouer financièrement. À cela se sont ajoutées les difficultés de sa famille: perte d'emploi de son père, maladie et manque de ressources de ce dernier. René a prêté main-forte. Malgré ses modestes moyens, il était le mieux placé pour apporter une aide.

Par ailleurs, la guerre 1939-1945 venant d'éclater en Europe, les jeunes gens commençaient à craindre la conscription.

C'est dans ce climat que René et sa compagne Marie ont décidé de se marier. Quoique les femmes, en ces temps de guerre, étaient incitées à intégrer le marché du travail pour répondre à des besoins accrus de main-d'œuvre, Marie a abandonné son emploi une fois mariée. Elle était secrétaire. Elle a adhéré au modèle de maîtresse de maison «dépareillée» que l'on mettait de l'avant depuis un certain temps. Le travail domestique devenait un art et même une science, il se devait d'être rationalisé. Une culture féminine et familiale s'imposait de plus en plus.

En 1940, René a changé d'emploi. Il a été engagé par une compagnie prospère dans le domaine des pâtes et papiers. Les premières années ont été plutôt ardues, mais la croissance économique de l'après-guerre a permis de hausser les conditions de vie de la famille. Trois enfants dont Paul sont nés entre 1940 et 1947. Ils ont fait des études postsecondaires. René a obtenu quelques promotions au cours de sa vie professionnelle; il a eu régulièrement des augmentations de salaire. Son poste comportait des avantages: congés payés, jours de maladie, fonds de pension, appartenance syndicale. Sa situation s'est grandement améliorée au cours des années 1950 et 1960. Il a pu accéder à la propriété, s'acheter une automobile, bref, faire l'acquisition de biens jusqu'ici réservés aux classes privilégiées.

Durant ces nombreuses années, René s'est voué corps et âme à son travail. Celui-ci l'absorbait entièrement. Il n'avait guère le temps ni l'esprit tourné vers d'autres formes d'investissement. Pourtant, le temps libre et les loisirs commençaient à occuper une place plus importante dans la vie des personnes et n'étaient plus seulement l'apanage des mieux nantis. Quant aux responsabilités familiales et aux tâches éducatives, Marie s'en chargeait. Dans leur couple, les rôles étaient séparés de manière très étanche.

En 1975, après 35 ans d'une vie de travail particulièrement bien remplie, René a quitté l'entreprise pour laquelle il travaillait. Il avait 65 ans; l'heure de la retraite obligatoire sonnait. Ce n'est qu'en 1982, avec la Loi 15 sur l'abolition de la limite d'âge en emploi, qu'un individu n'est plus tenu de quitter à 65 ans.

Bien des choses avaient changé depuis le moment où son père avait cessé abruptement de travailler. René savait qu'il allait se retirer à 65 ans. La retraite était maintenant un droit acquis. Même s'il en avait parlé occasionnellement avec un certain enthousiasme, il ne s'y était préparé d'aucune façon. Contrairement à Philippe, son père, sa santé était assez bonne. Il n'avait pas exercé un métier éreintant. Il avait toujours rempli des fonctions administratives; il n'était donc pas épuisé physiquement. De plus, financièrement, il n'était pas inquiet. Ses revenus provenaient d'un régime de pension de son employeur, de la sécurité de la vieillesse et de la RRQ. Sa situation ne ressemblait en rien à celle de son père. Il n'avait besoin d'aucune aide.

Toutefois, malgré ces bonnes conditions, René a commencé à ressentir un vide après quelques mois. Sans travail, il était démuni et se sentait vieux. Il ne savait comment organiser ses journées. En dehors du travail, il avait peu d'activités. Du moins, elles n'étaient pas très structurantes, ni satisfaisantes. De son côté, Marie n'avait pas prévu l'énorme changement qu'apporterait la présence continuelle de René à la maison. Elle se sentait tout à coup envahie, épiée sur son territoire. Elle venait à peine de se rétablir du départ, les uns après les autres, des enfants devenus adultes. Comme bien d'autres mères de sa génération, elle avait vécu non sans difficulté ce qu'on a appelé le syndrome du « nid vide » et cette période a coïncidé avec la ménopause.

Bref, à part les deux ou trois semaines de vacances annuelles, jamais René et son épouse n'avaient partagé l'existence quotidienne. René ne s'est pas vraiment adapté à cette nouvelle vie qu'il trouvait dépourvue de sens. Il a développé différents malaises et, six ans plus tard, il est mort d'une crise cardiaque. On était en 1981.

## L'AVÈNEMENT DU TROISIÈME ÂGE ET DU « POUVOIR GRIS »

Indéniablement, René est arrivé à la retraite à une période où un grand nombre de difficultés avaient été résolues en ce qui a trait aux conditions de travail et à la situation des personnes âgées. Il a été préservé, du moins sur le plan matériel et financier, de toutes les épreuves vécues par son père et les membres de sa famille d'origine. Bien qu'au temps de sa jeunesse il ait subi la crise et ses restrictions, il a tout de même participé et profité de l'essor socioéconomique des décennies 1950 à 1970. À mesure que les années ont passé, l'espérance de vie n'a cessé de croître. Ainsi, en 1941, l'espérance de vie à la naissance était de 61,8 ans pour les deux sexes; en 1981 (année du décès de René), elle était de 74,9 ans, ce qui constitue un gain appréciable. Et cet accroissement se poursuit.

Dans le monde du travail, les syndicats avaient largement contribué à améliorer le sort des travailleurs. C'est à la suite de luttes acharnées et de grèves que des heures libres ont été conquises, que des protections ont été mises de l'avant. Les semaines de travail ont été peu à peu réduites, elles comptaient maintenant entre 37 ½ et 40 heures. Les jours fériés ont été plus nombreux. Au terme du parcours de travail, l'existence est devenue plus aisée avec l'assurance de ne pas sombrer dans la pauvreté et de vivre une retraite relativement paisible et plus confortable.

Toutes les sociétés occidentales ont connu cette expansion économique sans pareil. L'économiste français Jean Fourastié désigne les années 1945-1975 par l'expression les «Trente Glorieuses» pour définir cette période unique dans l'histoire des pays occidentaux. Le travail, s'il était le centre de l'existence, s'accomplissait maintenant dans un cadre plus humanisé. Et en ce qui concerne les politiques pour les personnes âgées, de nombreuses initiatives ont vu le jour. Aux considérations économiques se sont ajoutées les questionnements démographiques, psychologiques, sociologiques et autres.

Autour des années 1970, on assiste à l'avènement du «troisième âge». Cet âge rassemble des individus qui se démarquent par un mode de vie particulier et une situation sociale qui les distinguent des autres catégories d'âge. Alors que la consommation de masse atteint des sommets, le groupe des aînés, de plus en plus important quant aux effectifs et doté de ressources économiques accrues, commence à présenter une image heureuse. La possibilité d'accès à des loisirs de toutes sortes, une plus grande liberté d'action, une meilleure autonomie, une capacité grandissante de faire valoir ses droits, tous ces nouveaux éléments modifient les représentations de ce groupe d'âge. Il devient une clientèle intéressante à qui offrir divers services et biens de consommation. L'image d'une vieillesse dépendante et isolée, vouée au repos et repliée sur elle-même est peu à peu remplacée par celle d'une vieillesse pensionnée qui peut s'autoriser plusieurs plaisirs légitimes.

Le troisième âge se présente donc comme un moment de la vie désigné pour le droit aux loisirs et à l'oisiveté. Puisqu'il existe un temps pour l'école, un temps pour le travail, pourquoi le temps de la retraite n'en serait-il pas un pour le loisir? Ce privilège aide d'ailleurs à supporter le travail avec ses exigences de productivité, étant donné la possibilité d'une retraite bien méritée où l'on pourra enfin laisser libre cours à tous ses désirs. Ce modèle du troisième âge qui persiste toujours s'ouvre alors sur de multiples possibilités. Il se situe au cœur de la modernité et véhicule les valeurs sous-jacentes d'autonomie individuelle, de culture de consommation et de pouvoir d'achat. Cette représentation plus positive laisse voir, dans certains cas, des personnes actives, utiles et qui aident leurs proches parce qu'elles sont économiquement indépendantes. Il s'agit toutefois de gens qui ont un capital culturel et une aisance financière.

Dans cette foulée se sont développés des associations de retraités et des clubs de l'âge d'or. Si ces groupements sont nombreux à offrir des activités divertissantes qui permettent de développer un esprit de convivialité, d'autres réunissent des personnes qui mettent leurs énergies dans la défense de leurs droits et de leurs intérêts. Certains souhaitent également prendre une part dans l'orientation des politiques qui les concernent et avoir davantage le contrôle de leurs conditions de vie. C'est ainsi que d'aucuns ont commencé à examiner leur situation et à revendiquer ou dénoncer certaines choses. On se rappellera par exemple de cette manifestation organisée en 1985 par l'Association québécoise pour la défense des droits des retraités et préretraités (AQDR), où de nombreux retraités rassemblés sur la colline parlementaire à Ottawa ont forcé le gouvernement à introduire la réindexation promise des pensions fédérales de base. On était à ce moment en présence d'un acteur collectif en la personne du «troisième âge». Chez nos voisins américains, les Panthères grises jouent, par différents moyens, un rôle de réhabilitation de la personne âgée. Elles ont entre autres effectué une enquête sur les images des gens âgés dans les médias à la fin des années 1970. Avec le temps, les actions se diversifient et des groupes poursuivent des buts qui dépassent les intérêts des aînés. C'est ainsi qu'à Vancouver, les «Raging Grannies» font des manifestations pour appuyer différentes causes telles que la paix dans le monde, la lutte à la pauvreté, etc. Elles le font sur un ton humoristique, s'habillant de tenues vestimentaires ridicules, afin d'attirer l'attention et d'être mieux entendues.

Vu leur nombre et leurs capacités plus grandes de mobilisation, les groupes de retraités comme la Fédération de l'âge d'or du Québec (FADOQ) ou le Forum des citoyens âgés exerçant une action sociale et politique sont qualifiés de «pouvoir gris». Ce nouveau rôle a d'ailleurs contribué à modifier la perception des personnes âgées. Cependant, les années 1970 et 1980 ont permis d'observer dans ce «lobby gris», un développement plutôt défensif et réactif de leur action.

N'anticipons pas trop sur le temps actuel qui est celui de la retraite de Paul et des autres membres de son groupe d'âge dont le nombre s'accroît continuellement. Pour l'instant, il convient de retenir que René a vécu sa retraite dans un environnement où les changements à divers paliers ont été importants. Ils marquent encore cette fin de siècle. De plus, au cours de la période précédant les années 1990, aux côtés d'un troisième âge composé de personnes mieux nanties, plus autonomes et davantage actives coexiste un autre groupe dont les caractéristiques se trouvent parfois aux antipodes du premier. Avec l'augmentation du nombre d'individus dont la longévité s'étend au-delà de 75 ans et même de 80 ans, une vieillesse définie par l'accumulation de pertes à différents niveaux a fait son apparition. Pour la distinguer, on la désigne sous le vocable de «quatrième âge». Il en ressort une vision des plus ambiguës du vieillissement de la personne, c'est-à-dire tantôt positive, tantôt négative; cette vision habite notre inconscient collectif et traduit un certain malaise.

Une présentation plus détaillée en sera faite au chapitre suivant où j'examinerai de plus près le parcours de vie à travers les différentes étapes qui le jalonnent, mais également à travers les transformations qui l'ont marqué au fil du temps. Je délaisserai les aspects plus sociaux pour m'attarder davantage à la personne.

# CHAPITRE II

# Transformation du cycle de vie

J usqu'à l'aube du XX<sup>e</sup> siècle et dans ses premières décennies, la vie d'une personne était brève et ne comportait que quelques étapes. Une courte enfance, une jeunesse vécue comme un temps transitoire, la vie adulte et, pour une minorité, le grand âge : tel apparaissait le déroulement de la vie, du berceau à la tombe. Au Québec et dans de nombreuses sociétés, des rituels soulignaient les temps forts de l'existence comme la naissance, le mariage et la mort. Tout changement biologique ou social faisait l'objet de célébrations particulières. Fait étonnant, aucun rite ne signalait le passage à la vieillesse.

Nous retrouvons ici le parcours de vie de Philippe (1875-1934), mais peut-être davantage celui de son père (1833-1900) ayant grandi et toujours vécu en milieu rural. Là où la vie traditionnelle prévalait encore, c'est-à-dire avant l'industrialisation, avant la vie moderne. À cette époque, le groupe avait préséance sur l'individu ; l'ensemble des normes et valeurs étaient partagées par la majorité. S'en éloigner était mal vu et presque considéré comme une déviance. Qu'est-ce donc qui, hier, caractérisait le parcours de vie d'une personne en comparaison avec celui d'aujourd'hui? En me rapportant à l'existence de Philippe, de René et ensuite de Paul, je relaterai ces transformations qui s'échelonnent tout au long de ce siècle.

## LE CYCLE DE VIE D'HIER

L'expression «cycle de vie» est assez récente et désigne la durée de l'existence, de la naissance à la mort, ponctuée par la succession de phases aux différents âges. Le cycle de vie constitue un exemple où la société propose à ses membres un itinéraire pour franchir les diverses étapes de la vie: façons d'organiser l'enfance, de découper l'adolescence, de concevoir l'âge adulte ou la vieillesse. Il permet donc de situer un individu à un moment donné de son parcours, par exemple la puberté, la ménopause, etc.; il détermine un âge pour jouer tel rôle ou accéder à tel statut: l'étudiant, le travailleur, le parent, le retraité, etc.

Dans les civilisations dites traditionnelles, on trouvait un modèle uniforme de franchissement des âges avec des points de repère mettant en évidence des ressemblances entre ceux qui atteignaient le même stade. Tous et toutes traversaient à peu de chose près les mêmes expériences à des âges identiques. Il y avait un âge pour apprendre, pour commencer à travailler, se fréquenter, se marier, avoir des enfants et ainsi de suite. Le parcours était assez homogène, la répétition quasi intégrale des différentes phases s'effectuait au même moment pour tous. On répondait ainsi aux attentes du groupe social.

À titre d'exemple, on se souviendra de la fête de Sainte-Catherine destinée aux femmes de plus de 25 ans non encore mariées. La coutume leur rappelait l'urgence de se trouver un époux, autrement elles coifferaient Sainte-Catherine et seraient affublées de l'étiquette peu flatteuse de «vieille fille». Une fille, il fallait la placer le plus tôt possible, disait-on. L'imprécision du rôle de la femme célibataire troublait en quelque sorte l'ordre social, contrairement au rôle plus précis d'épouse et de mère au sein de la famille ou de religieuse au sein de l'Église. De plus, en regardant vivre les générations précédentes, il était possible d'entrevoir de quoi serait faite son existence ; la génération suivante reproduisait les mêmes séquences. Certes, des changements avaient lieu, mais pas avec la rapidité que l'on connaît aujourd'hui.

Hier, le cycle de vie était bref et comprenait quelques étapes. La mort était présente à chacune d'elles. De zéro à un an, elle faisait des ravages ; elle rôdait pendant toute la petite enfance. Qu'on se rappelle les histoires familiales de nos arrière-grands-mères ou de nos grands-mères qui ont perdu un ou plusieurs enfants en bas âge. Les parents de Philippe ont été ainsi éprouvés. Des familles entières étaient parfois décimées par des maladies contagieuses. Les jeunes qui atteignaient l'âge de 15 ans augmentaient leurs chances d'entrer dans la vie adulte, mais des dangers restaient présents : la tuberculose, les mortalités à la suite d'un accouchement et les infections de toutes sortes pour lesquelles on n'avait pas encore trouvé les solutions appropriées comme les antibiotiques. Dans un tel contexte, l'horizon paraissait court et aléatoire.

Des ruptures se produisaient souvent dans le cycle de vie, elles survenaient généralement par suite d'accidents extérieurs (épidémies, guerres, mortalités, etc.) difficilement contrôlables. D'ailleurs, la personne avait peu de prise sur certains événements, elle les subissait. C'est ce qui fait dire à des sociologues[4] que, naguère, le parcours d'un individu reposait sur un temps-destin, c'est-à-dire un temps circulaire et répétitif où la mort était imprévisible et la fécondité non contrôlée. Les générations se suivaient et répétaient sensiblement le même projet. Avec la société industrielle, l'espérance de vie s'est accrue, la

---

4. Louis Roussel et Alain Girard. «Régimes démographiques et âges de la vie», *Les âges de la vie*, Paris, Presses universitaires de France, 1982, p. 15-23. Ces auteurs parlent également d'une autre modalité du temps caractérisée par le *refus du temps* et qui serait apparue assez récemment. En effet, dans la société actuelle, l'individu se sent dépassé par le développement accéléré des technologies ; il se prémunit contre cette menace en se réfugiant dans le temps présent.

fécondité a été peu à peu mieux maîtrisée, c'est alors que le parcours de vie s'est appuyé sur un temps géré donnant la possibilité d'organiser soi-même sa vie.

Dans le passé, l'arrivée à une autre étape était soulignée par des cérémonies transitoires appelées «rites de passage[5]». Chacune des phases introduisait des rituels particuliers qui indiquaient à la personne ses nouveaux rôles et statuts à l'intérieur du groupe d'appartenance. Ces phases correspondaient le plus souvent au cycle biologique; ainsi pouvait-on observer une étroite liaison entre le développement physiologique de la personne, des célébrations liturgiques et des manifestations sociales pour lui signifier la place qu'elle devait désormais occuper.

Philippe a ainsi quitté l'école au seuil de la puberté et peu de temps après avoir fait sa communion solennelle. L'arrivée à la communion solennelle (rite liturgique) a mis un terme à sa fréquentation scolaire, a marqué la fin de son enfance et l'entrée dans sa jeunesse (rite social). Pour Philippe, ce passage a à peu près coïncidé avec la période pubertaire (rythme biologique). Au moment où il s'est marié, sa vie de jeunesse a pris fin. Ce stade assez bref constituait d'ailleurs un temps transitoire entre deux statuts clairs et précis: celui de l'enfant dépendant et celui de l'adulte autonome. L'entrée dans le mariage a donc déterminé la fin de cette étape et la cérémonie nuptiale a sanctionné l'adhésion à un nouvel âge de la vie permettant l'aboutissement de la sexualité vers la paternité. S'ouvrait la vie adulte de Philippe; socialement, il était maintenant reconnu comme tel. Commençait pour lui cette période qualifiée par les accomplissements et les réalisations sur les plans familial, professionnel et social.

L'accès à ces deux moments différents du cycle de vie — enfant dépendant et adulte autonome — laisse entrevoir comment les transformations physiologiques peuvent être l'occasion de confirmer à l'individu ses fonctions sociales; ces dernières lui

---

5. Cette notion a été élaborée par l'ethnologue français A. Van Gennep vers 1908.

sont attribuées solennellement par des célébrations religieuses. Un point reste cependant nébuleux, c'est l'absence presque totale de rites particuliers séparant l'âge de la maturité de celui de la vieillesse. Ce fait est peut-être dû au petit nombre d'individus atteignant un âge avancé. Enfin, s'il n'existe pas une cérémonie religieuse spécifique, il y a à tout le moins ce rituel où, en milieu rural, le père transmet sa terre à l'un de ses fils. C'est ce qu'a fait le père de Philippe. Ce moment signifiait, en quelque sorte, l'arrivée à un autre âge : celui de la vieillesse avec le déclin des capacités. Cependant, le père de Philippe n'en poursuivait pas moins les mêmes activités, mais à un rythme plus lent.

Un changement d'importance entre l'époque de Philippe et celle de son père est que la période de vie active s'est déroulée dans un contexte tout autre : les gens sont passés du milieu rural au milieu urbain, de la ferme à l'usine. Philippe, devenu socialement «vieux» en raison d'une usure physique causée par les tâches pénibles qu'il exerçait, a vécu l'exclusion du marché du travail. L'entrée dans cette autre étape de la vie a été marquée par une rupture brutale. Au contraire de son père, Philippe n'a pu continuer les mêmes activités. De plus, il a intériorisé que la vieillesse allait de pair avec la perte d'un rôle social et l'inutilité. Il a expérimenté brusquement le passage à la retraite qui s'est fait à la suite d'un licenciement. On lui a imposé sa sortie de l'usine, alors qu'il n'avait aucun revenu de remplacement.

Plus tard, lorsque René a dû à son tour quitter le monde du travail en 1975, l'âge de la retraite avait été établi depuis plusieurs années. La retraite était un fait acquis et y entrer constituait un véritable «rite de passage». En témoigne la fête préparée par son employeur et ses collègues à laquelle il a eu droit. Il s'attendait à se retirer à 65 ans, c'était la norme. Le fait d'être prévenu a atténué le choc. Si bien des choses avaient changé entre l'époque de Philippe et celle de son père, il en était de même entre celle de Philippe (1875-1934) et celle de son fils René (1910-1981).

## LE CYCLE DE VIE À TROIS TEMPS

René a connu ce qu'il est convenu d'appeler un cycle de vie à trois temps : le temps de l'école, celui du travail et celui de la retraite. Ce parcours de vie s'est établi au fur et à mesure des développements industriels. C'est ainsi que, pour se préparer au marché du travail, René a pu suivre une formation à l'Académie commerciale. Il y est entré, on se rappelle, en 1927 et avec certaines qualifications, ce qui lui a permis d'obtenir un emploi à de meilleures conditions que celles de son père. Sa vie active a subi quelques secousses dans les premières années, mais, par la suite, il a bénéficié, lui et sa famille, de la croissance du niveau de vie après la Seconde Guerre mondiale. Il a accédé à la propriété et il a pu payer des études universitaires à ses enfants.

À la différence de Philippe, la menace du chômage ne pesait pas constamment sur lui et sa famille. De plus, il était persuadé de se rendre jusqu'à la retraite et de ne pas vivre trop précairement. Dans une certaine mesure, il a planifié sa vie de travail, ce qui n'a pas été le cas pour Philippe. La perspective d'un avenir et d'une vie plus longue donnait maintenant la possibilité de gérer son temps et de construire un projet. C'est ce que Paul, cadre de la fonction publique (né en 1943 et fils de René), a pu réaliser d'une façon encore plus évidente. Ses compétences étaient supérieures à celles de son père et, dès les premières années de sa vie professionnelle, il a obtenu la permanence d'emploi assortie de nombreux avantages sociaux. Il a pu lui-même tracer son itinéraire. Sans contredit, entre Philippe, René et Paul, on assiste à une véritable promotion sociale.

Toutefois, au cours des dernières années de la carrière de Paul, des difficultés ont commencé à se manifester en raison d'importantes mutations du marché du travail. Des phénomènes tels que la mondialisation des marchés et le développement de nouvelles technologies ont largement contribué à modifier la structure du travail et des emplois. Des compressions budgétaires à la fois dans les secteurs public et privé ont donné lieu à des restructurations et à des fermetures de postes, d'organismes et d'entreprises. Dans cette foulée et avec l'abolition de l'âge obligatoire de la retraite, le nombre de personnes, surtout des hommes, qui ont pris une retraite anticipée a continuellement progressé et ce, à partir de 1984.

Ces changements dans toutes les sphères, de l'économie à la politique en passant par la famille et l'individu, ont eu des retombées sur le parcours de vie. Le cycle de vie à trois temps s'est peu à peu effrité. Les cycles de vie uniformes de même que les normes qui les accompagnaient disparaissent de plus en plus et font place à des parcours de vie disparates. Les modèles deviennent de plus en plus flous et variés, brouillant les anciennes significations données à l'âge. Les transitions vers d'autres étapes ne sont plus aussi précises, les points de repère s'effacent et les critères d'entrée ou de sortie deviennent confus.

## DU CYCLE DE VIE À TROIS TEMPS
## AU CYCLE DE VIE À QUATRE TEMPS

Aujourd'hui, la vie est longue et les étapes se sont multipliées : petite enfance, enfance, préadolescence, adolescence, post-adolescence, jeune adulte, adulte, «jeunes-vieux[6]» «vieux-vieux». À cause d'une espérance de vie accrue, les âges de la vie sont plus nombreux. Aussi, quatre, parfois cinq générations d'individus coexistent simultanément : enfants, parents, grands-parents, arrière-grands-parents. Avec un plus grand nombre de générations, certaines de leurs particularités se sont modifiées. Des étapes de vie s'étirent, alors que d'autres raccourcissent. Aujourd'hui par exemple, la période de jeunesse est relativement longue et comporte au moins deux moments distincts. L'un est caractérisé par la crise juvénile et la formation d'une identité propre. Il s'agit de l'adolescence. L'autre moment tend à se prolonger indûment, à tel point que les critères d'identification de cette étape sont plutôt approximatifs. Il est pratiquement impossible de déterminer le moment d'entrée dans la vie

---

6. La psychosociologue américaine Bernice Neugarten semble être la première à avoir utilisé l'expression «jeunes-vieux» dans «Time, age and the life cycle», *American Journal of Psychiatry,* n° 136, 1979, p. 887-894.

adulte. Ce n'est plus le départ de la famille d'origine (on part pour aller vivre en appartement pour un certain temps, puis on revient à la maison familiale), ni le mariage (il a lieu rarement et est précédé le plus souvent de la cohabitation), ni la fin des études (elles ne sont jamais vraiment terminées), ni l'activité professionnelle longtemps chancelante. Ces différentes expériences sont parfois vécues simultanément ou bien avec des écarts considérables et tardivement. Ainsi, on accède plus tard à une stabilité d'emploi, mais on en sort plus tôt avec l'abaissement de l'âge de la retraite. La vie adulte caractérisée par la productivité s'en trouve raccourcie.

Le temps de jeunesse et le temps de vieillesse considérés jadis comme des étapes de marge, de transition ou de retrait et de courte durée constituent maintenant deux moments prolongés du cycle de vie. Les jeunes et le groupe des 50-60 ans se trouvent actuellement à un seuil critique de leur existence ; ils ont à faire l'expérience d'un nouveau départ. Les uns redoutent l'entrée dans le monde des adultes avec l'impératif de devoir s'assumer ; les autres commencent à entrevoir leur propre vieillissement. Les premiers se font souvent barrer la route par la génération qui les précède ; les seconds sont de plus en plus tôt évincés de l'univers du travail et connaissent souvent une fin d'activité instable et même perturbée, qui les envoie plus tôt que prévu à la retraite.

Avec l'industrialisation, la classe des « aînés », celle qui nous intéresse ici, a été progressivement mise à l'écart de la vie sociale et ce, au moyen de la retraite. On a pu l'observer avec Philippe, qui a été brusquement mis à pied à 57 ans en 1932, puis avec René, qui a été obligé, que cela lui plaise ou non, de se retirer à 65 ans, en 1975. Aujourd'hui, à cause d'une longévité qui ne cesse de croître, cette phase ne peut plus être envisagée comme un court laps de temps avant d'arriver au terme de l'existence. Un autre âge est apparu ; il transforme le cycle de vie. Il introduit une période entre la fin de la vie active et le début de la vieillesse. Le sociologue français Xavier Gaullier[7]

---

7. Xavier Gaullier. *La deuxième carrière. Âges, emplois, retraites*, Paris, Seuil, 1988.

parle d'un cycle de vie à quatre temps et non plus trois temps. Ce nouvel espace est à définir. Il ne peut être vécu comme une brève transition; il donne même l'occasion d'amorcer une deuxième carrière.

Cette étape correspond à ce que d'autres définissent par l'expression *mid life* ou milieu de la vie. Ce découpage de l'âge adulte avec l'émergence du *mid life* et la distinction entre «jeunes-vieux» et «vieux-vieux[8]» est d'ailleurs une caractéristique de la société actuelle. On compare aussi cette période du milieu de la vie à celle de l'adolescence comme moment important à l'intérieur du parcours de l'existence. On désigne sous le terme de «maturescence[9]» cette phase possible de crise. Les individus au mitan de la vie peuvent faire l'expérience de la maturescence avec la redéfinition de leur identité et de leurs rôles. Il n'y a pas si longtemps, cette crise du milieu de l'existence survenait autour de la quarantaine, du moins quand la personne était encore sur le marché du travail. Maintenant, ce moment critique coïncide de plus en plus avec l'entrée à la retraite, tournant qui s'effectue dans la cinquantaine ou au début de la soixantaine, ce qui le rend peut-être plus problématique.

## LA CRISE DU MILIEU DE LA VIE

Qu'est-ce qui caractérise principalement ce moment de la vie? Pourquoi en parle-t-on comme d'une crise? La crise du milieu de la vie renvoie à une étape de l'existence où l'individu a généralement atteint une maturité psychologique et accompli des réalisations personnelles, familiales et professionnelles. C'est à ce moment que se fait soudain une prise de conscience du temps qui passe. Cette prise de conscience invite au questionnement sur le sens de sa vie, de ses accomplissements et de

8. Claudine Attias-Donfut. *Sociologie des générations,* Paris, Presses universitaires de France, 1988.
9. Ce terme a été forgé par la sociologue Claudine Attias-Donfut dans *Sociologie des générations.*

la suite à donner pour l'avenir. Vient l'heure de faire un bilan et d'amorcer une révision. Surgit une question urgente, à savoir si l'on poursuit dans la même voie ou si l'on souhaite modifier en profondeur ou plus modestement certains points, si l'on désire concrétiser des projets laissés en plan jusqu'ici. Une sélection doit se faire, ce qui oblige à l'abandon des projets les moins importants, les moins réalistes, les moins possibles pour soi.

Cette prise de conscience de la temporalité renvoie au fait que la vie a un terme, elle éveille la pensée de la mort, de sa propre mort, de son éventuelle disparition. Jusqu'ici, il s'agissait de la mort des autres et non de la sienne. Cette évocation peut entraîner une crise existentielle, puisque la croyance d'une durée illimitée (au temps de la jeunesse, le terme de la vie apparaît tellement lointain) s'estompe pour faire place à l'imminence d'une fin. Tout ce qu'on n'a pu effectuer jusqu'à ce jour doit être fait incessamment et ce qu'on désire changer doit l'être à l'intérieur de certaines limites. Cette phase inaugure un temps de deuils à faire et ce n'est que le début. Tout ce qu'on aurait souhaité réaliser ne pourra vraisemblablement pas être accompli. Des choix, des priorités doivent s'établir. Émerge alors la question du délai, du trop tard, du temps qui s'écoule très vite et, selon le degré de satisfaction par rapport à sa vie en général, la crise pourra être bénigne ou plus profonde.

Une chose paraît sûre, c'est qu'elle frappe tout un chacun, mais à des degrés d'intensité différents et elle ne survient pas exactement au même âge pour tous. Elle peut être provoquée à l'occasion d'un virage dans sa vie ou par suite d'un événement : l'atteinte de la quarantaine ou de la cinquantaine, un divorce, la mort d'un proche, une déqualification professionnelle, la perte de son emploi, la mise à la retraite anticipée, la ménopause, la maladie, etc. Ou peut-être par rien de particulièrement spectaculaire ou perturbateur, mais être seulement un questionnement, une recherche sur soi, sur son passé, son devenir, sur l'expérience du temps. Comme le souligne Simone Weil : «Toutes les tragédies que l'on peut imaginer reviennent à une seule et unique tragédie : l'écoulement du temps.» Pour la personne, le temps sans fin change de registre pour lui faire comprendre qu'il y a une fin.

Le point central de cette crise tourne autour de l'idée de la mort. La prise de conscience de sa finitude arrive cependant plus tard dans le cycle de vie, entre autres parce que la mort est repoussée beaucoup plus loin, mais aussi parce que l'expérience de la mort d'un proche peut s'effectuer plus tardivement. Il n'est pas rare d'avoir ses deux parents ou au moins un, le plus souvent sa mère, alors qu'on dépasse la cinquantaine ou la soixantaine. Aujourd'hui, pas moins de 60 % des Canadiens de 50 ans ont encore des parents vivants, alors qu'en 1860, ce pourcentage n'était que de 16 %. La période de vie où l'on est parent d'enfant à charge tend à raccourcir, tandis que s'allonge celle où l'on se trouve fils ou fille de parents toujours vivants, c'est-à-dire où l'on tient la position d'«enfant vieilli» selon l'expression de Watkins[10].

Paul connaît cette situation qui n'est plus un phénomène isolé. Jeune retraité de la cinquantaine, il doit veiller au bien-être de sa mère veuve et aujourd'hui octogénaire. Bien qu'ici, il faut préciser que c'est davantage sur sa sœur et sur son épouse Hélène que repose cette responsabilité. La réalité montre en effet que les femmes continuent d'assumer une plus grande part dans les soins à donner aux enfants, aux malades et aux personnes âgées en perte d'autonomie. Les femmes du groupe d'âge 45-64 ans sont de plus en plus nombreuses à exercer un rôle de soutien et parfois même un rôle de mère auprès de leur mère ou de leur belle-mère.

En fait, la vie adulte évoque l'idée d'un cycle comprenant deux phases; la deuxième concerne la seconde moitié de l'existence et introduit de nouvelles tensions en rapport avec la carrière, la famille, la retraite, la vieillesse, puis la mort. Toutefois, la première moitié de la vie productive semble davantage valorisée, comparativement à la deuxième où la sortie de l'univers du travail qui s'effectue de plus en plus tôt entraîne une

---

10. G. O. Hagestad. «Social perspectives on the life course», E. Shanas et R. Binstock (dir.), *Handbook of Aging and the Social Sciences,* 3e édition, New York, Reinhold, 1989.

entrée plus précoce à la retraite et parfois même dans la vieillesse. Cette seconde phase où les statuts paraissent flous et moins gratifiants est pourtant en train de devenir aussi longue que la première, ce qui oblige à en modifier la représentation et à en définir les rôles.

Pour mieux saisir ce qui se joue au cours de la vie adulte, la psychosociologue américaine Bernice Neugarten[11] a identifié un changement de registre dans l'expérience personnelle du milieu de la vie. Après avoir orienté sa vie vers le monde extérieur, un processus s'enclenche chez l'individu et le pousse davantage vers le monde intérieur, ce qu'elle appelle le principe d'«intériorité croissante». Dans le même ordre d'idée, Elliot Jaques[12], un psychanalyste anglo-saxon, a noté, outre la prise de conscience de sa propre fin, que ce moment représentait un tournant crucial dans le mécanisme de création. Les personnes parvenues à ce stade de la vie ne produisent plus de la même manière.

La résolution de la crise du milieu de la vie, quand elle est réussie, conduit à une acceptation lucide de la réalité : imperfections humaines et limites de son propre travail. À partir de remaniements psychiques impliquant le deuil de l'enfance et de la jeunesse, une nouvelle phase commence et permet l'achèvement de ce qui a été entrepris auparavant. Selon l'expression de Jaques, cet accomplissement devient une «créativité sculptée». Une qualité de profondeur caractérise le travail créatif de l'âge mûr qui provient de la résignation constructive et du détachement. C'est dire qu'on est loin ici de la croyance en une stagnation prétendument à l'œuvre chez les personnes arrivées au mitan de la vie. Il est plutôt question d'un renouveau, d'un repositionnement.

C'est pourquoi une différenciation entre «jeunes-vieux» et «vieux-vieux» s'est imposée avec le report des problèmes de

11. Bernice Neugarten. *Middle Age and Aging,* Chicago, University of Chicago Press, 1968.
12. Elliot Jaques. «Mort et crise du milieu de la vie», D. Anzieu et R. Kaës (dir.), *Psychanalyse et génie créateur,* Paris, Dunod, 1974, p. 238-260.

santé au-delà de 75 et même de 80 ans. Les points de ressemblance entre les sexagénaires et les groupes d'âge qui suivent se sont atténués au cours des 15 dernières années. Les premiers (jeunes-vieux) sont autonomes à tous points de vue et en pleine possession de leurs moyens. Les vieux-vieux désignent surtout les personnes qui présentent des incapacités et qui doivent recourir à une aide quelconque. Avec tous les progrès, la mort frappe à un âge de plus en plus avancé. Depuis les dernières années, l'augmentation la plus spectaculaire a été enregistrée dans la catégorie des personnes de 85 ans et plus. Le nombre de centenaires s'accroît continuellement et la durée de la vie humaine peut même atteindre 120-125 ans. D'ailleurs, en juillet 1999, la revue *L'Actualité* titrait l'un de ses articles «Vivre jusqu'à 130 ans!».

L'existence à partir de la retraite peut ainsi compter trois étapes avec chacune un enjeu spécifique : la vie à inventer ou l'apprentissage de la liberté concerne les personnes du *mid life*; la vie à ménager ou l'apprentissage du vieillissement concerne les «jeunes-vieux»; la négociation de la dépendance concerne les «vieux-vieux[13]». Ces derniers arrivent à l'étape où une perte importante d'autonomie les oblige à dépendre du soutien d'autrui. Dans cet ouvrage, il sera surtout question des deux premières étapes, et même davantage de la première qui renvoie à la «vie à inventer» et à la possibilité de re-traiter sa vie, la traiter de nouveau. Cette étape constitue par ailleurs ce quatrième temps à l'intérieur du cycle de vie, c'est-à-dire cette période s'étendant de l'après-travail jusqu'à la diminution des capacités.

## LE CYCLE DE VIE D'AUJOURD'HUI

Actuellement, tout change si rapidement que certains parlent non plus de cycle à trois ou quatre temps, mais d'un cycle de vie

---

13. Cette division en trois étapes : la vie à inventer, la vie à ménager, la négociation de la dépendance a été établie par Christian Lalive d'Épinay dans *Vieillir ou la vie à inventer,* Paris, L'Harmattan, 1991.

à la carte ou plutôt de «ligne de vie individualisée» pour définir le phénomène, celui de permettre à tout un chacun d'aménager son temps comme il l'entend. Avec l'élargissement des possibilités, le cycle de vie permet des allées et venues. Des expériences sont précipitées ou retardées. Les retours en arrière sont autorisés et même réalisables. On peut quitter le foyer d'origine, cohabiter avec un, une ou des amis, abandonner temporairement les études, travailler de façon intermittente, retourner à l'école, réintégrer la maison familiale, avoir un enfant, se marier, divorcer, etc. Naguère, de tels itinéraires auraient été impensables. Ces parcours, bien qu'ils soient davantage le lot des jeunes générations, par exemple les enfants de Paul, touchent également les générations plus âgées.

Ainsi, à l'orée de la cinquantaine, alors que l'on est grand-père ou grand-mère, on peut s'engager dans une nouvelle union et redevenir parent. Dans le même temps, on peut effectuer un retour aux études et se retrouver avec l'un de ses enfants sur les bancs de l'université. Il est possible aussi de commencer une deuxième, voire une troisième carrière. Les éléments de comparaison s'amenuisent entre des personnes du même âge. C'est ainsi que les transformations actuelles compliquent les passages vers d'autres étapes, particulièrement lorsque l'on peut observer, chez une personne, de larges écarts entre les accomplissements sur les plans personnel, familial, professionnel et autre, ou encore que l'on peut voir, dans un même groupe d'âge, des différences importantes quant à la trajectoire de vie.

Par exemple, que peuvent avoir en commun le retraité dans la cinquantaine et la personne du même âge qui amorce un premier ou un second virage sur le plan professionnel? Il n'y a pas si longtemps encore des parcours avec de tels écarts et recommencements étaient irréalisables; ils sont maintenant courants et admis. Un autre exemple: des individus peuvent accéder à la retraite à des âges différents, soit avant 55 ans pour les uns et après 65 ans pour les autres.

Ces parcours variés atténuent les traits de ressemblance entre les personnes qui sont censées être à la même étape. Les cycles de vie s'écartent de plus en plus de la norme. L'âge chronologique a maintes fois servi de point de repère dans l'aménagement du parcours de vie, déterminant ainsi les transitions entre chacune des étapes. Mais l'idée d'un âge pour chaque chose tend à disparaître ; émerge alors la possibilité d'un recommencement, d'un retour en arrière. On peut à tout âge refaire sa vie. L'âge comme point de repère perd son sens, il n'est plus la référence permettant le rassemblement autour de points communs et reconnus. Beaucoup plus que l'âge, c'est désormais l'événement vécu par la personne qui prend le relais.

Chaque société suggère une organisation du temps et un certain ordre aux événements de la vie. Il en résulte une question de timing qui indique à toute personne le moment idéal pour telle expérience et ce, en correspondance avec le contexte historique, culturel, économique et social. Lorsque des événements surviennent dans le cours normal de la vie, ils ne provoquent pas nécessairement de crises ; c'est lorsqu'ils se produisent de façon imprévue qu'ils risquent de générer des difficultés. Les événements imposés de l'extérieur ne peuvent alors être en synchronie avec les désirs individuels. Il peut ainsi y avoir une mauvaise synchronisation entre les contraintes sociales et les souhaits des individus. Un nombre croissant de personnes sont mises précocement hors du marché du travail et se retrouvent d'une manière inattendue au chômage ou à la retraite. Elles perdent ainsi leurs points de repère. Ces expériences vécues au mitan de la vie, donc avant l'heure ou à un moment inopportun, ne peuvent pas toujours être bien assimilées.

Enfin, c'est dire qu'un enchaînement désordonné des étapes a remplacé l'ancienne succession ordonnée. Auparavant, on accédait à chacune des étapes en respectant un certain ordre. La fin des études s'ouvrait sur un emploi stable, associé à des avantages sociaux, suivait le mariage, un premier enfant, un deuxième, parfois un troisième. La carrière assurait une mobilité ascendante, c'est-à-dire avec avancement, et, au terme de ce processus, une retraite bien méritée. On retrouve ici le parcours de René et, encore davantage, celui de son fils Paul. Cependant, de nombreuses personnes de la génération de Paul vivent plutôt une existence constituée d'allers-retours. Le cycle de vie caractérisé jusqu'ici par l'irréversibilité où les retours en arrière étaient à peu près inconcevables présente maintenant la réversibilité. Certains connaissent un cycle de vie en dents de scie, alors que d'autres maintiennent une ligne de vie continue.

L'individu d'aujourd'hui semble donc plus libre d'organiser sa vie, mais l'absence plus grande de points de repère dans le parcours des âges entraîne chez lui une insécurité et une sorte d'inconfort. C'est pourquoi de plus en plus de gens ont tendance à se réfugier dans le temps présent parce que les changements se font trop rapidement et qu'ils ont du mal à suivre le rythme. L'environnement social et culturel semble vieillir plus vite que l'être humain, ce qui était l'inverse autrefois.

En résumé, une existence brève traversée par des rites de passage et caractérisée par le conformisme et la répétition, tel apparaissait le cycle de vie dans les sociétés traditionnelles, c'est-à-dire au temps de Philippe, mais surtout à l'époque de son père. Dans ces groupes, les comportements marginaux étaient peu prisés; les différences trop importantes étaient mal tolérées et souvent interprétées comme des signes de déviance. Avec l'urbanisation croissante, les modes de vie se sont davantage standardisés, surtout après la Seconde Guerre mondiale, donnant lieu à un cycle de vie à trois temps — formation, travail, retraite —, tel celui qu'ont connu René et Paul. Peu après, un cycle à quatre temps a introduit un nouvel espace entre la vie de travail et la vieillesse réelle; ce cycle concerne aussi Paul et les autres membres de sa génération. Aujourd'hui, cette similarité tend à s'estomper au profit d'une recherche de la singularité, ce qui ne se fait pas sans difficulté. Le cycle de vie s'est allongé; il comprend plusieurs âges et les étapes suivent un enchaînement quelque peu désordonné.

## DEUX CONCEPTIONS DU CYCLE DE VIE

Au fil du temps et avec l'évolution de la société, le cycle de vie a subi de nombreuses transformations. Un contexte social favorisant un intérêt pour l'individu a permis l'éclosion d'études sur le développement de la personne. L'établissement d'étapes au cours de l'enfance et de l'adolescence a conduit, dans un premier temps, à une vision statique du développement adulte. On a d'abord cru que la personne ayant achevé sa croissance physique, était parvenue à une maturation psychique et que peu de changements interviendraient par la suite.

Une telle approche suggère que les diverses étapes de la vie se forment selon un processus ascendant, de la naissance jusqu'à l'âge adulte; un sommet est atteint au stade dit de la maturité et constitue comme un plateau. Passé cet âge, c'est-à-dire au mitan de la vie, la marche se fait en sens inverse, redescend pour annoncer l'entrée prochaine dans la vieillesse avec des capacités déclinantes jusqu'au terme de l'existence. Cette conception du franchissement des âges, axée sur la croissance biologique, rappelle ces images en forme d'escalier où chaque palier représente un âge de la vie. À partir de la cinquantaine, on descend la pente. Ces représentations restent encore fortement ancrées dans l'imaginaire des gens.

Sans nier le fait que l'être humain vieillit et que son état physiologique subit des modifications durant toute la vie, des recherches d'orientation psychosociale[14] ont mis en évidence un processus dynamique qui est à l'œuvre tout au long de l'existence et même aux étapes avancées. Le développement ne s'arrête pas au cours de la vie adulte; il est continu et se poursuit jusqu'à l'âge de la maturité et de la vieillesse. Le parcours de vie est traversé par des « crises » qui traduisent le passage vers différentes phases. Des conflits psychiques à solutionner permettent l'accès à d'autres étapes. Des périodes critiques alternent avec des périodes de latence, mais elles assurent généralement un enrichissement.

---

14. Renée Houde. *Les temps de la vie. Le développement psychosocial de l'adulte selon la perspective du cycle de vie,* 3e édition, Boucherville, Gaëtan Morin éditeur, 1999. Dans cet ouvrage, l'auteur fait la recension d'un grand nombre d'études sur le cycle de vie adulte dont, entre autres, celles d'Erik H. Erikson qui a inspiré de multiples travaux sur cette question. On peut consulter également les recherches de René L'Écuyer sur le « concept de soi » et celles de l'équipe de Gilbert Leclerc qui s'appuient sur la notion d'« actualisation de soi » développée par Abraham Maslow et Carl Rogers.

Il faut tenir compte que si l'organisme se transforme et connaît des détériorations avec l'âge, il n'en est pas de même
quant à la personnalité. C'est pourquoi la deuxième phase de
la vie adulte, comme la première, doit être considérée dans
une optique de développement où l'humain est vu tel un
acteur, où il est en quelque sorte l'artisan de sa vie. D'autant
plus que l'arrivée à la retraite s'effectue de plus en plus dans la
cinquantaine, alors que les personnes concernées atteignent
tout juste le mitan de la vie et possèdent encore leurs pleines
capacités. Maintenant que la preuve est faite qu'il y a évolution
et avancement chez la personne, cette période ne peut plus
être vécue comme un temps stagnant. Il y a possibilité d'actualisation de son potentiel durant toute l'existence.

Au temps de Philippe et de son père, une bonne partie de
l'existence consistait à assurer la survie et à répondre aux besoins
primaires. Cette préoccupation du développement de la personne
est venue plus tard, à partir du moment où l'humain a pu entrevoir
une perspective d'avenir et où il lui a été possible d'organiser sa
vie pas seulement en fonction des nécessités de base. C'est ainsi
que l'intérêt pour la personne s'est progressivement manifesté tout
au long du xxe siècle. Les effets ont commencé à se faire sentir
d'abord à l'époque de René, puis à celle de Paul. Ils se sont inten-
sifiés au cours des deux dernières décennies parce que la circula-
tion des connaissances a permis de sensibiliser l'ensemble de la
population au fait que l'individu peut continuer d'accroître son
potentiel pendant toute la durée de la vie, de même qu'il peut
maintenir ses capacités d'adaptation dans diverses situations.

La réalité actuelle donne à voir des modèles de parcours de
vie de plus en plus diversifiés et intéressants. Cependant, le passage à la retraite n'en évoque pas moins la dualité; il est ce
moment où l'individu se retire de la vie active clairement définie et entre dans une nouvelle phase aux contours imprécis.
Amalgame d'éléments à la fois positifs et négatifs, attrayants et
rebutants, cette transition peut être abordée de diverses manières et varie d'une personne à l'autre.

Pour certains, le retrait de l'activité peut se traduire par
une étrange impression et un sentiment d'inutilité. Il néces-

site donc une réorganisation de la vie personnelle, familiale et sociale. Évidemment, cette situation incite à la recherche d'activités satisfaisantes. Il importe de trouver de nouvelles fonctions qui donnent ou conservent un sens à l'existence. Par quelles stratégies les individus qui doivent affronter la perte définitive ou progressive de leurs rôles et statuts en arrivent-ils à la construction d'autres objectifs? C'est là, semble-t-il, le défi auquel sont conviés hommes et femmes parvenus à ce moment de leur vie. Ils ont à développer des tâches significatives alors même que l'entrée dans cette étape requiert un des plus forts investissements psychologiques. Une autre difficulté est souvent l'absence de modèles précis et convaincants, quoique maintenant, la réalité présente de nombreux exemples stimulants. D'aucuns prétendent qu'il existe autant de façons de vivre la retraite qu'il y a d'individus; ils prônent la «retraite à la carte».

Les personnes atteignant le cap de la retraite ont l'occasion de renouveler l'interprétation de leur vie. Elles peuvent entrevoir cette période en continuité avec les étapes précédentes, mais aussi comme une occasion de modifier leurs rôles, voire d'en créer de nouveaux. La rupture entre le monde du travail et celui de l'après-travail pourrait être atténuée. Mais comment remplacer la reconnaissance accordée jusqu'ici dans le travail rémunéré? Bien qu'un certain discours laisse miroiter que cette étape constitue l'une des plus attrayantes, assortie à la liberté totale de son emploi du temps, il n'est pas sûr que tout le monde vit cette période avec enthousiasme et sérénité.

Bref, à ce moment de l'existence, l'homme ou la femme fait l'expérience de certaines pertes et, pour cela, doit trouver d'autres issues comme s'orienter là où règnent des valeurs différentes de celles du rendement ou de la performance. Cette tâche serait cependant plus facile si des normes autres que l'efficacité étaient davantage considérées aux étapes précédentes. Une chose est sûre, il faut explorer de nouvelles avenues pour maintenir ou remodeler son identité et continuer à «devenir», car l'aventure humaine n'est jamais achevée tant qu'il y a le désir de l'animer.

# DEUXIÈME PARTIE

---

*La retraite dans le temps d'une vie*

# CHAPITRE III

# Pistes pour une réflexion

près ce long détour faisant voir, dans le temps, les changements sociaux et psychologiques du cycle de vie, reprenons plus en détail l'histoire de Paul. On peut se rendre compte que désormais Paul et de nombreux autres comme lui arrivent à la retraite dans un environnement en pleine mutation. L'exemple des générations antérieures ne peut plus vraiment servir de référence. On l'a vu, le fait d'être devenu un retraité autour de 65 ans dans les années 1950, 1960 ou 1970 ne signifie pas la même chose qu'au tournant de l'an 2000. Les enjeux ne sont plus les mêmes. D'abord, cette étape survient de plus en plus tôt à l'intérieur du parcours de vie, donc avant qu'une personne soit réellement «vieille» et sur le déclin. Elle s'étend sur plusieurs années et peut coïncider avec la crise du milieu de la vie, cette prise de conscience de la fin de son existence, d'où l'importance de réfléchir sur sa propre condition pour s'y préparer de la manière la plus adéquate possible. De tout cela découle la nécessité de re-traiter sa vie, c'est-à-dire de la traiter à nouveau, de l'aborder autrement, de la soumettre à une révision pour pouvoir apprivoiser ce virage et repartir avec un élan neuf. Retraite ne signifie plus se retirer, se mettre à l'écart. À travers les situations personnelle, familiale et professionnelle de Paul, d'Hélène et de quelques autres, j'exposerai divers aspects de la retraite. Ils permettront d'éclairer les décisions et d'offrir des pistes de réflexion.

## PAUL, AVANT LA RETRAITE

Il est presque banal d'affirmer que la façon d'amorcer le passage à la retraite est influencée par les étapes qui ont précédé. Il arrive pourtant que l'on minimise tout ce qui s'est déroulé et tout ce que l'on a réalisé auparavant. Comme l'exprimait si justement un nouveau retraité, «à la retraite, on ne repart pas à zéro». Cette affirmation montre bien qu'on ne peut effacer son passé, on le traîne avec soi, peu importe les changements effectués au fil du temps.

Au préalable, il s'avère nécessaire de procéder à une sorte de bilan de ses années de travail et d'en évaluer l'importance sur l'ensemble de sa vie. Quitter son milieu de travail, les tâches qui s'y rattachent et les relations avec ses pairs ne peut signifier la disparition et l'oubli soudains de cet univers sans que celui-ci laisse des traces. Les succès comme les périodes moins fastes continueront d'obséder occasionnellement la pensée et auront une incidence sur la manière de vivre cette nouvelle étape. Les satisfactions de même que les déceptions accumulées, selon qu'elles auront ou n'auront pas été intégrées, permettront d'en garder de bons souvenirs ou seront indéfiniment ressassées au point d'empoisonner l'existence.

Alors même que l'idée de la retraite commence à poindre, il importe de s'interroger sur la place qu'occupe le travail dans sa vie. Prend-il toute la place? Est-il sa raison de vivre? Y a-t-on investi toutes ses énergies et ses espoirs? En parallèle à son travail, a-t-on développé d'autres champs d'intérêts ou d'activités, d'autres réseaux de relations? Ce sont là quelques éléments qu'il convient de traiter maintenant.

Sur ces questions, qu'en est-il de la situation de Paul? Selon toutes les apparences, Paul a mené une carrière bien remplie et plutôt satisfaisante. Il a poursuivi des études dans un domaine qui l'intéressait et pour lequel les emplois proliféraient. Il est entré dans la fonction publique dans les années 1960, au moment où de nombreux postes s'ouvraient. On était en pleine phase de structuration et de développement. C'était d'ailleurs une époque d'effervescence à tous points de vue. Un vent d'optimisme soufflait. C'était une ère de progrès. Le nombre de jeunes diplômés universitaires commençait à augmenter. Ils arrivaient parmi les premiers pour combler de nouveaux emplois. L'ardeur ne manquait pas; tout était à construire. Un projet de société animait la jeune génération. Paul faisait partie de ces jeunes remplis d'enthousiasme et d'idéal.

Pendant plusieurs années, Paul a été passionné par son travail. Il ne comptait pas les heures et démontrait beaucoup de dynamisme. C'était un homme efficace, compétent, ayant une vision d'ensemble d'une situation et capable d'élaborer des plans d'action. Ses habiletés et son expérience grandissante lui ont valu plusieurs promotions. Ne craignant pas les efforts, il a suivi plusieurs cours et s'est perfectionné sans cesse. Professionnellement, Paul a toujours eu le sentiment de se réaliser et il en recevait d'abondantes gratifications. C'est dire combien le travail était au centre de son existence. Il occupait une place importante en termes de temps, mais aussi en termes d'investissement de la personne. Paul avait bien quelques autres activités, mais elles restaient secondaires. Il faisait partie de cette proportion d'individus pour qui le travail n'apporte pas qu'un revenu, mais comble la personne sur différents plans, donne un sens, procure un complément d'identité.

En plus de la carrière et de la profession, la famille retenait son attention. Durant ses études, il était devenu amoureux d'une jeune femme, elle aussi étudiante, mais dans un domaine différent. Tous les deux ont vite projeté de se marier et de se constituer une famille. D'un commun accord, le couple a convenu qu'Hélène abandonnerait peut-être son emploi avec l'arrivée des enfants. Cette possibilité dépendrait de leur situation au moment opportun.

Ils se sont donc épousés en 1966, un an après avoir terminé leurs études et être entrés sur le marché du travail : lui, comme économiste et elle, comme infirmière. Ils ont attendu quatre ans avant d'avoir un enfant. De nouveaux moyens contraceptifs avaient fait leur apparition et permettaient maintenant de planifier les naissances. Ils ont donc attendu d'être convenablement installés, c'est-à-dire après l'obtention d'une permanence d'emploi, l'achat d'une maison et d'une automobile, avant de se décider à fonder une famille.

À l'arrivée du premier enfant, Hélène a pris un congé de maternité. Ce congé n'était pas rémunéré, mais elle avait l'assurance de pouvoir retrouver son poste sans difficulté après ce temps d'arrêt. Cependant, la jeune mère n'a pu se résigner à retourner au travail et à confier son bébé à une gardienne. Il faut souligner la rareté des garderies à l'époque. De plus, on y accueillait généralement les enfants à partir de deux ans, lorsqu'ils étaient entraînés à la propreté. Hélène avait bien quelques amies qui gardaient leur emploi parce que leur mère ou encore une voisine se chargeait de garder leurs enfants. Hélène ne pouvait compter sur cette forme d'aide. Avec l'appui de Paul, elle a pris la décision de rester à la maison pendant quelques années, le temps d'élever leur famille. Ils envisageaient alors d'avoir trois enfants.

Ce n'est toutefois que quatre ans plus tard qu'un deuxième enfant est né. La grossesse et l'accouchement ayant été plutôt difficiles, ils ont remis en question leur intention d'en avoir un troisième. Parmi les couples qui se sont formés dans les années 1960 et 1970, nombreux étaient-ils à souhaiter trois et même quatre enfants. Mais pour plusieurs, ce troisième est demeuré dans le domaine du désir jusqu'à ce qu'ils finissent par se trouver trop âgés. Pour diverses raisons, ces couples se sont arrêtés à deux enfants. En 1981, des démographes québécois ont d'ailleurs publié un ouvrage intitulé : *Les enfants qu'on n'a plus au Québec.* Cet ouvrage faisait état d'une importante baisse du taux de natalité et d'un questionnement sur ce troisième enfant. Hélène s'est donc concentrée sur l'éducation de son garçon et de sa fille jusqu'en 1980, soit jusqu'à l'entrée scolaire de la cadette.

Pour pouvoir reprendre un emploi à titre d'infirmière, Hélène a dû suivre des cours et faire un stage pour retrouver son droit de pratique. Elle a fait ce retour au travail dans un contexte totalement différent. La situation avait complètement changé. Les postes permanents à temps plein et surtout les postes avec un horaire de jour se faisaient plus rares. Il a fallu qu'elle démontre une grande ténacité pour supporter ces nouvelles conditions. Comme elle avait toujours aimé ce métier, l'ayant quitté avec un pincement au cœur, elle a persisté. Ce n'est qu'après 10 ans, soit au début des années 1990, qu'elle a enfin obtenu une permanence et un poste à temps complet à raison de 35 heures/semaine. Peu de temps après, des changements organisationnels majeurs allaient modifier l'approche qu'elle avait développée au fil des ans.

De son côté, Paul a commencé à éprouver quelques difficultés dans son milieu de travail vers la fin des années 1980 et encore davantage au cours des cinq dernières années précédant sa sortie. Cette période a été marquée par différentes restructurations. L'important déficit budgétaire en même temps qu'une récession économique et des transformations technologiques obligeaient à de sérieux remaniements dans les secteurs public et privé. C'est alors que le climat de travail s'est peu à peu détérioré. Avec des effectifs moindres, la charge a augmenté. De plus, il était pénible de voir partir des collègues, soit pour une mise en disponibilité, soit pour une retraite anticipée ou quelque autre motif. Les changements de fonctions et de méthodes de travail, les déplacements dans le personnel ont exigé une grande souplesse d'adaptation. Les uns arrivaient à surmonter ces difficultés pendant que les autres connaissaient des épisodes d'épuisement et étaient forcés de prendre un congé de maladie.

Ces bouleversements n'ont pas ébranlé Paul au point de le rendre malade, mais il a perdu sa ferveur. Il continuait d'accomplir ses tâches avec un professionnalisme indéfectible, mais la motivation diminuait. Il tentait au mieux de s'accrocher et surtout d'accepter toute nouvelle affectation avec un sens du défi. Il finissait par y trouver une certaine satisfaction, mais d'une intensité moindre. Il maintenait le cap, mais avec une dépense d'énergie considérable. La logique de ces changements ne lui paraissait pas toujours évidente et il avait du mal à vivre ce qui lui arrivait, d'autant plus qu'il avait toujours été parmi les privilégiés du système. Malgré l'alourdissement de la tâche et les contraintes, il avait encore, contrairement à bien d'autres, une certaine marge de manœuvre.

La retraite ne faisait pas partie des préoccupations immédiates de Paul. C'était quelque chose d'assez abstrait et cela même s'il en entendait parler de plus en plus et assistait à des départs nombreux. Quelques années auparavant, il avait reçu de son employeur une lettre l'invitant à une réunion d'information sur la retraite. Il avait alors eu une réaction de malaise et d'étonnement. On s'était sûrement trompé. Une telle invitation ne pouvait lui être adressée, il ne pouvait être déjà rendu là, il était trop jeune. Il ne se sentait nullement concerné ; il avait spontanément jeté au panier cette invitation incongrue.

Pourtant, lorsque en 1997, l'État a présenté des offres tout à fait exceptionnelles, c'est en moins d'un mois qu'il s'est vu accepter une telle proposition et se mettre dans l'esprit de la retraite. Du point de vue financier, cette occasion était unique, il n'osait la refuser. Il a tout juste eu le temps de fermer les dossiers les plus urgents. D'autres ont été laissés en plan. Peu de temps après sa décision est venu le moment de vider son bureau et de saluer le personnel. Pour la circonstance, une fête a été préparée pour lui et d'autres collègues. Tel un rite de passage, ce fut un beau et grand moment où l'on a relaté sa vaste expérience, souligné ses exploits, vanté ses mérites. Bref, ses pairs lui ont exprimé toute la reconnaissance et la gratitude auxquelles il avait droit. Somme toute, bien que bousculé par la rapidité des événements, il est parti heureux. Ce départ s'est fait si vite qu'il n'a pu suivre des cours de préparation à la retraite. Sa nouvelle condition de retraité, il allait d'abord l'expérimenter par lui-même.

## LES CIRCONSTANCES DU RETRAIT

Compte tenu des circonstances, Paul a-t-il fait un choix éclairé? A-t-il pris le temps de s'interroger sur ce que le travail avait représenté et représente actuellement pour lui? A-t-il soupesé l'impact que causerait pour lui l'absence du travail? A-t-il subi l'influence de son entourage dans cette prise de décision?

De prime abord, on se rend bien compte que Paul n'a pas vraiment mûri cette décision. Jusqu'à la veille de franchir cette étape, il s'est peu attardé aux sentiments éprouvés devant l'imminence de son départ. Psychologiquement, Paul était-il suffisamment prêt à affronter ce tournant? Comme il était tout entier à son activité professionnelle et reportait à plus tard l'idée de la retraite, on peut en douter. Il semblait peu touché par cette question. La retraite était l'affaire des autres. Pour lui, ce départ paraissait lointain. Il y a lieu de croire que Paul, un peu las de la situation qu'il vivait depuis les dernières années, a pris sa décision abruptement parce que l'occasion se présentait d'échapper à une situation de moins en moins supportable. Il a pu s'esquiver et se retirer avec tous les honneurs, tandis qu'il en était encore temps. Sans trop s'en rendre compte, il a adopté ce qu'on pourrait appeler une stratégie de contournement[15]. Paul commençait à avoir l'impression de piétiner et même de saboter ce qu'il avait construit tout au long de sa carrière.

Précipiter son départ à la retraite par suite d'expériences décevantes vécues en milieu de travail peut certes avoir des retombées sur la façon d'aborder et de vivre l'étape de la retraite. Bien sûr, ce mode de réaction ne signifie pas d'emblée un passage à la retraite non réussi, mais il peut ralentir ou même compliquer le processus d'adaptation.

Les histoires de Jean et de Laurent l'illustrent fort bien. À une étape avancée de leur carrière, tous les deux ont vécu un

---

15. Lucie Mercier. «La retraite anticipée: une stratégie de contournement», C. Lamoureux et E. M. Morin (dir.), *Travail et carrière en quête de sens,* Québec, Casablanca et Lausanne, Presses Inter Universitaires, Éditions 2 continents et Lena Éditions, 1998, p. 335-344.

événement qui les a démobilisés et qui les a poussés précocement à la retraite : pour l'un, la maladie, pour l'autre la déqualification. Jean, à l'instar de Paul, a eu une vie professionnelle intéressante où les expériences diversifiées ont toujours constitué des défis à relever. Cependant, Jean s'est surmené. Pendant une période de 12 ans, il a travaillé sans relâche cumulant de multiples responsabilités. Il prenait peu de vacances, ne s'aérait l'esprit que rarement, délaissait sa famille et s'adonnait à peu de loisirs. Progressivement la fatigue s'est installée et, un beau jour, Jean s'est retrouvé en burnout. Pendant une année, il a dû cesser toute activité. De surcroît, il a mis en péril sa vie conjugale et familiale. Il s'en est fallu de peu pour qu'éclate la famille.

Une fois retourné au travail, il n'a pas retrouvé son dynamisme. Il avait la nette impression que quelque chose s'était rompu. Il n'arrivait plus à reprendre le fil. Outre ses difficultés personnelles, durant son absence, plusieurs changements avaient modifié son milieu de travail, aussi il ne se sentait plus à la hauteur et se voyait tel un étranger dans cet univers transformé. C'est là qu'est apparue la pensée de la retraite comme moyen de se sortir d'une situation rendue intenable. En moins de deux ans, il s'est retiré, mais avec à la fois des sentiments de soulagement et d'amertume.

Jean a réagi en abandonnant toutes les activités qui s'apparentaient à ce qu'il faisait auparavant. Citadin de naissance, il a quitté la ville pour s'installer à la campagne ; il a également délaissé une vie intellectuelle et culturelle pour s'adonner à la culture de la terre, domaine pour lequel il n'avait aucune préparation. Rejeter ce sur quoi il avait misé dans le passé lui apparaissait comme la meilleure solution pour oublier les déboires des dernières années. Il a ainsi opté pour une véritable rupture, plutôt que de chercher à renouer le fil de sa vie. Jean a cependant mis plusieurs années à se rétablir et à se défaire d'un sentiment d'échec.

Le cas de Laurent est différent. Issu d'une famille aux revenus modestes, il a vite abandonné l'école, alors qu'il aurait souhaité faire des études universitaires. À 18 ans, il est entré dans le monde du travail et tout au long de son parcours professionnel, le bilan des expériences insatisfaisantes a été plus lourd que celui des expériences intéressantes. Envers et contre tout, il a réussi à tenir le coup, à obtenir des promotions, mais, quelques années avant sa sortie, il a vécu une déqualification. Il ne s'en est jamais remis. Très malheureux, il cherchait à résoudre son problème. L'annonce d'un règlement stipulant la possibilité de prendre sa retraite sans pénalité financière avant le nombre requis d'années de service lui a permis de sortir de l'impasse.

Il faut dire ici que tout au long de sa vie de travail, Laurent était préoccupé par la question de la retraite. La perspective de pouvoir profiter un jour d'une retraite confortable l'aidait à supporter les côtés inintéressants de son travail. En quittant son emploi, les aspects pénibles de celui-ci ont disparu, mais ce n'est qu'après trois ans de retraite qu'il est enfin parvenu à une certaine sérénité. Il y est arrivé en investissant dans les arts, domaine auquel il s'était intéressé parallèlement à sa vie professionnelle, mais sans y accorder une place prépondérante.

L'histoire de Katie comporte des éléments semblables. Elle a mené une carrière des plus intéressantes dans l'enseignement jusqu'à ce que des surplus de personnel aboutissent, comme elle dit, à la pratique du *bumping,* c'est-à-dire qu'un enseignant pouvait être affecté à un programme ou à une matière sans avoir la spécialisation requise. Dans ce contexte, après avoir enseigné la même discipline pendant plusieurs années, Katie s'est retrouvée dans un programme de formation profession-nelle. Ce changement, en plus de lui demander un énorme effort d'adaptation, a contribué à lui faire perdre son intérêt. De moins en moins heureuse dans ce métier, elle a pris la décision de partir alors qu'elle était au début de la cinquantaine. L'occa-sion s'est présentée sans qu'elle ait à subir une diminution de sa pension. Bien que libérée des contraintes, elle a tout de même ressenti durement la perte de son statut professionnel. Katie avait commencé à investir dans d'autres activités durant les dernières années de travail, ce qui lui a permis d'apprivoi-ser assez rapidement son nouveau mode de vie.

Bernard présente une situation un peu différente. À son entrée sur le marché du travail, il avait un emploi de mécanicien. Mais au fil du temps, ses expériences diversifiées et un perfectionnement continuel l'ont conduit à l'enseignement de cette technique, puis à la formation d'enseignants dans ce domaine. Il a souvent changé d'emploi pour connaître de nouveaux milieux et relever des défis. Pour lui, travailler était un plaisir jusqu'au moment où des mutations et des fermetures de postes irritent son caractère et affaiblissent son intérêt. Un jour, alors qu'il venait d'atteindre 50 ans, on l'a informé de l'abolition de son poste. Bien que cette annonce ait été un choc, au lieu d'attendre un replacement, il a décidé de partir et cela même s'il n'avait pas droit à une pleine pension. Depuis plusieurs années, Bernard songeait à lancer sa propre entreprise, mais il n'osait le faire. Les circonstances lui ont donné l'élan nécessaire pour actualiser ce projet. Dans son cas, le choix prématuré de la retraite n'est pas vraiment une stratégie de fuite ou de contournement d'une situation difficile, mais davantage l'occasion d'un nouveau virage dans la poursuite de sa carrière.

Dans la détermination du moment pour prendre sa retraite, quelles qu'en soient les circonstances et les conditions, il importe de bien se connaître et de fouiller les motifs qui incitent au retrait précoce ou plus tardif. Son choix ne doit pas être influencé par les courants ambiants, surtout dans un contexte où plusieurs personnes des milieux familial, professionnel et social parlent de la retraite et y accèdent de plus en plus tôt. Surtout aussi, dans un contexte où le personnel plus âgé vit avec la pression de devoir laisser sa place aux jeunes en difficulté d'insertion. Il se trouve actuellement des retraités qui auraient souhaité poursuivre jusqu'à 65 ans et même au-delà, mais ils sont partis avant cet âge parce qu'ils se sentaient coupables de demeurer en poste, alors que tant d'autres convoitaient leurs emplois.

Depuis 1982, la loi n'oblige plus un travailleur à se retirer à 65 ans; il peut exercer son droit avant ou après cet âge. On sait également que les postes laissés par les nouveaux retraités ne sont comblés que dans une infime proportion. Toutefois, dans les faits, les personnes les plus âgées encore au travail vivent souvent un certain malaise à rester en emploi. À cause de leur âge, elles se sentent poussées vers la sortie et c'est ce qui est à l'origine de leur décision. C'est du moins ce que m'ont confié certaines d'entre elles qui continuaient pourtant d'éprouver de la satisfaction dans l'exercice de leurs fonctions.

Aline en est un exemple. Arrivée tardivement sur le marché du travail après s'être consacrée à l'éducation de ses enfants, elle n'avait nullement l'intention d'abandonner son emploi au seuil de la soixantaine. Mais plus elle avançait vers l'âge de 65 ans, plus elle voyait des jeunes mis en disponibilité ou encore incapables de se placer. Témoin à l'occasion de certaines conversations selon lesquelles les plus anciens devraient songer à quitter leur emploi, elle a fini par se sentir terriblement gênée de garder son poste et cette raison l'a fortement incitée à prendre sa retraite. Seuls des motifs extérieurs ont prévalu dans sa décision de se retirer et ce, au détriment de ses propres désirs.

Pour sa part, Isabelle ne s'est pas laissée intimider par les incitations de son entourage. Elle a pris sa retraite à 68 ans et elle fait donc partie du nombre plus restreint de personnes qui se retirent au-delà de 65 ans. Isabelle allait atteindre 40 ans lorsqu'elle a trouvé le courage nécessaire pour s'aventurer dans un nouveau champ, celui de la relation d'aide. Elle a aimé par-dessus tout ce nouveau travail qui lui a apporté de grandes satisfactions et dans lequel elle s'est réalisée pleinement. Elle avait auparavant passé plusieurs années dans le commerce, mais elle n'était pas vraiment à l'aise dans ce domaine. Avec le temps, ses activités au sein de divers groupements lui ont permis d'accumuler une riche expérience à caractère philanthropique, expérience qu'elle a complétée par une formation acquise sur les bancs d'école.

Isabelle ne songeait nullement à quitter prématurément sa profession. Elle avait vu son père bien malheureux d'avoir dû abandonner son emploi à 65 ans. Elle ne voulait surtout pas répéter le même scénario, d'autant plus qu'elle ne sentait ni le poids de l'âge, ni un manque d'ardeur. Quand elle a atteint 63 ans, son employeur l'a informée des modalités de la retraite, Isabelle ne s'est pas empêchée de poursuivre ses activités pendant encore cinq ans. Les gens de son milieu avaient tendance à se retirer autour de 60 ans et comprenaient mal son acharnement à rester en poste. Au cours des dernières années, des changements organisationnels ont entraîné, pour Isabelle, une diminution de ses responsabilités, ce qui lui a permis d'apprivoiser la retraite. Après son départ, elle a continué à collaborer avec quelques comités afin d'éviter une rupture trop brutale, puis elle a continué d'appartenir à différentes associations comme elle l'avait toujours fait. Les premiers mois de la retraite ont été très remplis, Isabelle a pris les moyens nécessaires pour ne pas ressentir un vide ; elle a aussi élargi son réseau en s'impliquant dans de nouveaux mouvements sociaux ou politiques ou encore dans des activités culturelles.

Enfin, il convient d'en arriver à choisir le moment opportun de son départ à la retraite en tenant compte de sa situation particulière et non de subir une pression par un effet d'entraînement. L'histoire d'un collègue, d'un ami, d'une sœur ou d'un beau-frère ne peut que partiellement servir d'exemple ou être utile à son propre cas. C'est pourquoi il importe d'avoir une connaissance précise de son état, de ses désirs et motivations les plus intimes afin de pouvoir établir ses priorités et d'agir en conséquence. La décision doit relever de la personne elle-même, car cela aura une incidence sur les étapes subséquentes. Dans la mesure du possible, ce choix ne doit pas être imposé du dehors et, s'il l'est, encore faut-il pouvoir négocier certaines conditions.

## DÉVELOPPEMENT DE LA RETRAITE PRÉCOCE

Il existe malheureusement des milieux où le départ à la retraite est dicté par d'autres impératifs et ce, indépendamment de la volonté des travailleurs. C'est le cas, entre autres, de secteurs industriels où une main-d'œuvre vieillissante est jugée inadéquate au bon fonctionnement de l'entreprise. On entretient trop souvent des idées préconçues selon lesquelles les employés plus âgés seraient moins productifs, moins intéressés, rébarbatifs aux nouvelles techniques, etc. Sans avoir vérifié sérieusement ce qu'il en est, et sous prétexte que ces travailleurs coûtent cher (salaires plus élevés) et qu'il s'avère quasi inutile de leur donner une formation, on a mis l'accent sur des mesures facilitant leur retrait anticipé.

D'ailleurs, depuis une vingtaine d'années, dans la plupart des pays industrialisés, des formes de transition entre activité et retraite se sont multipliées et ont conduit à des réaménagements de la protection sociale. L'invalidité, le chômage, le développement de programmes intermédiaires, tels les programmes d'incitation à la retraite anticipée (PIRA), ont constitué de nouveaux modes d'entrée à la retraite. Il en résulte que le passage de l'activité à l'inactivité ne se fait plus exclusivement par l'accès à une pension publique de retraite, mais par l'accès à une diversité de prestations. Ces initiatives sont liées à des facteurs conjoncturels du marché de l'emploi et représentent des stratégies de gestion du personnel âgé. Progressivement, un système de sortie précoce du travail s'est donc organisé de manière à contrer les effets d'une économie en fluctuation. Au Canada, entre 1971 et 1995, le taux d'activité après 55 ans s'est considérablement réduit passant de 78,8 % à 54 %; évidemment, ce pourcentage diminue encore après 60 ans et davantage après 65 ans.

Le mouvement de la retraite prématurée ne cesse de s'amplifier. Dans ce sillage, en 1997, le projet de loi 102 modifiait la Loi sur le régime des rentes du Québec et la Loi sur les régimes complémentaires de retraite dans le but de favoriser la retraite progressive ou anticipée. Comme on vient de le voir, avant l'adoption de la loi 102, des modalités sur la retraite anticipée étaient déjà en vigueur dans un certain nombre de régimes. Depuis 1997, la retraite anticipée permet au travailleur de quitter son emploi 10 ans avant l'âge normal, c'est-à-dire à partir de 55 ans, ou avant cet âge selon ce qui est fixé par le régime de retraite de l'employeur, et de percevoir une rente temporaire jusqu'à 65 ans. La nouveauté vient du fait que cette rente temporaire doit être accordée, peu importe le régime. La retraite progressive autorise la réduction du temps de travail quand la personne est à moins de 10 ans de l'âge normal de la retraite et la rend admissible à une prestation prise à même son régime de pension. Pendant cette période, elle peut continuer de cotiser, ce qui n'était pas possible auparavant. Pour se prévaloir de ces dispositions, l'employeur et l'employé doivent parvenir à une entente. Dans le même temps, une réforme du régime des rentes était également entreprise dans le but d'assurer l'équité entre les générations de cotisants. Entre 1998 et 2003, la contribution passera de 6 %, en parts égales entre l'employé et l'employeur, à 9,9 %.

Enfin, la tendance d'une retraite précoce se poursuit au moment même où l'on commence à s'interroger sur la possibilité de retarder l'âge d'accessibilité à une pension de retraite et où l'on entrevoit la nécessité d'évaluer le rendement du personnel vieillissant. Depuis peu, on observe un nouveau phénomène : celui du retour au travail d'un certain nombre de retraités. Pour l'instant, ce n'est pas la majorité qui fait ce choix, mais d'après l'Enquête sociale générale de 1994, 13 % des personnes de 50 ans et plus qui avaient pris leur retraite sont revenues sur le marché du travail. Les hommes reprennent un emploi dans une proportion beaucoup plus importante que les femmes. Les retraités qui retournent au travail sont surtout des professionnels et des gestionnaires et ils reviennent 1,5 an après la prise de la retraite. Ils ne reprennent pas nécessairement le travail pour des raisons financières, mais davantage parce qu'ils aiment travailler ou qu'ils cherchent à occuper leur temps libre. Aux États-Unis, cette propension au retour au travail des retraités est en croissance. Et il est probable qu'il en sera de même ici dans quelques années. D'ailleurs, une enquête récente de l'Association des retraitées et retraités de l'enseignement du Québec (AREQ)[16] souligne que 14,4 % des répondants ont exercé une activité rémunérée au cours de leur première année de retraite ; en ce

---

16. Mario Labbé. *La vie à la retraite des membres de l'AREQ. Résultats d'un sondage réalisé en septembre 1998,* Québec, L'Association des retraitées et retraités de l'enseignement du Québec, 1999.

qui concerne les personnes qui se sont prévalues du Programme de départ volontaire (PDV), le pourcentage est de 12,5 %. Les hommes ont davantage travaillé que les femmes. La principale raison évoquée dans ce maintien ou ce retour au travail est l'intérêt manifesté pour cette activité et ce, dans une proportion de 90,3 %. La nécessité de revenus supplémentaires arrive au quatrième rang, soit 51,4 %. Cette tendance remet en cause le présupposé selon lequel les travailleurs plus âgés perdent leur motivation et éprouvent des difficultés d'adaptation au travail avec l'âge.

Paul, après les deux années où il s'est engagé à ne pas accepter d'emploi chez son employeur, reviendra-t-il dans le monde du travail? On le verra. C'est tout de même la décision qu'a prise Claude après un peu plus de deux ans de retraite. Pendant plusieurs années, il avait concocté un plan de retraite des plus mirobolants. Il s'y est préparé longtemps et avec ardeur. Il ferait le tour du monde en bateau. Au lendemain de l'abandon de son poste, il est donc parti pour l'aventure. Cette période a été, pour lui et sa famille, une expérience tout à fait extraordinaire. Mais au retour, un vide s'est installé d'une manière obsédante. Comment allait-il maintenant organiser son temps, orienter sa vie? Profitant d'une rencontre avec son ancien patron, il a signifié son désir de réintégrer l'entreprise. Il a repris des fonctions administratives et, depuis, il se porte très bien.

## LA PLACE DU TRAVAIL

Dans le choix du moment de la retraite, la dimension financière reste trop souvent la seule variable vraiment prise en considération et analysée rigoureusement. Sans mésestimer l'importance de la question monétaire, des aspects, comme le rapport au travail, méritent d'être pris en compte. Ils sont nombreux, les hommes et les femmes, pour qui le travail n'est pas seulement un gagne-pain, mais constitue l'activité principale de leur vie. Même s'ils anticipent avec joie l'arrivée des congés et des grandes vacances ou qu'ils déplorent parfois une surcharge dans l'exercice de leurs fonctions, ils ne peuvent imaginer leur existence sans cette alternance entre temps de travail et temps hors travail. Il faut entendre les propos de gens privés d'un emploi pour saisir l'ampleur de la place qu'occupe le travail dans la vie de la plupart des individus, particulièrement dans une société comme la nôtre où l'identité sociale se trouve encore et surtout dans le travail.

Il arrive à certains retraités de ressentir un manque et un vide semblables à ce qu'éprouvent parfois des gens ayant perdu leur emploi. Ils ont le sentiment d'être inutiles et de ne plus être reconnus socialement. Ce sentiment peut se manifester dès les premiers mois de la prise de la retraite et s'estomper après un temps plus ou moins long, selon les personnes. Pour d'autres, c'est plus tard qu'apparaît cette impression de vide. Il peut aussi arriver qu'une personne ne vive jamais ce manque si elle lui a substitué assez tôt des activités significatives ou encore si le travail a toujours été subi comme une pénible exigence à laquelle on ne pouvait se soustraire.

Qu'on se rappelle Katie, cette enseignante qui, durant la première année de la retraite, a plutôt mal supporté l'absence de son travail à cause de la perte du statut qui en est résultée. Elle s'était retirée à 52 ans et même si elle se trouvait libérée, elle ne pouvait s'identifier à son nouvel état de retraitée. Chaque fois qu'on lui demandait « Qu'est-ce que vous faites ? », elle ressentait un malaise et était embarrassée. Elle estimait sa situation comparable à celle des femmes restées à la maison et ayant toujours vécu avec difficulté le fait de ne pas avoir de véritable reconnaissance sociale. Il peut être difficile de prévoir notre réaction tant que ce passage n'est pas fait, mais il y a fort à parier que les personnes qui ont accordé une grande valeur à la participation à la vie collective par le travail rémunéré, trouvent plus difficile qu'ils ne le croient la perte de cette activité.

Le travail confère un statut et, chez certains, cette perte de statut provoque le manque, sinon l'affaiblissement de l'estime de soi ; d'autres ressentent un manque causé par la disparition des tâches qu'ils accomplissaient ou la diminution des revenus. Pour d'autres encore, ce sont les relations entretenues dans le cadre du travail ou bien c'est l'expérience du temps non structuré qui devient tout à coup déroutante. Il n'est pas facile de démêler lequel de ces éléments est le moteur de sa dynamique personnelle en ce qui concerne le travail, car ces éléments peuvent être étroitement liés. Mais identifier les motivations qui nous animent permet d'anticiper d'éventuels problèmes et d'avoir sur ceux-ci une certaine maîtrise en mettant en œuvre les moyens pour combler, s'il y a lieu, les manques. Car il s'agit maintenant de remplacer des rôles, dont l'utilité économique et sociale était acquise, par d'autres rôles qui puissent satisfaire l'individu aussi largement. À moins que l'on choisisse de poursuivre une activité rémunérée, si c'est là qu'on retire une plus grande satisfaction.

Dans la vie de Paul, le travail occupait une place centrale. Et cette importance s'est maintenue même lorsque des changements organisationnels ont affecté le climat de travail et ont entraîné chez lui un certain désenchantement. Bien que délivré des contraintes, Paul a quand même vécu difficilement l'abandon de son poste au lendemain de son entrée à la retraite. Il ne faisait pas partie de la majorité des retraités de 1997 qui se sont d'abord déclarés satisfaits de leur nouvelle vie[17]. Avoir laissé aussi rapidement sa place avait pour lui une connotation de perte. Des sentiments oscillant entre la liberté et le regret l'habitaient. Comme le soutient avec justesse Charlotte Herfray, une psychanalyste française : « Fuir le dérangement pour avoir la paix et redouter l'ennui : voilà qui semble résumer la problématique de l'accès à la retraite[18]. » La résolution de ce paradoxe, tel est l'enjeu de ce tournant. Ce n'est que vers la fin de la deuxième année que Paul y est parvenu, lorsqu'il a commencé à échafauder un projet, celui d'offrir ses services comme consultant, mais à temps partiel et à un rythme moins trépidant.

Au fait, Paul détient des traits de ressemblance avec son père René qui, sans travail, s'est senti démuni. Il est encore

---

17. M. Dorion, C. Fleury et D. P. Leclerc. *Que deviennent les nouveaux retraités de l'État ?*, Québec, Université Laval et Emploi Québec, 1998.
18. Charlotte Herfray. *La vieillesse. Une interprétation psychanalytique*, Paris, Desclée de Brouwer/Épi, 1988, p. 127.

courant aujourd'hui de rencontrer des personnes qui, une fois à la retraite, sont momentanément ou plus durablement désorientées par la perte de leur travail. Nombre d'individus s'identifient à leur travail à un point tel que lorsque celui-ci disparaît, c'est toute la personne qui est atteinte. S'effectue alors un glissement de ne plus avoir à ne plus être : « Je n'ai plus de travail, donc je ne suis plus rien », disent d'une manière aussi directe certaines personnes. D'où une difficulté plus grande à s'adapter quand le travail n'est plus. L'entreprise de reconstitution de l'identité de la personne devient une tâche plus compliquée.

Cependant, la réalité fait voir de plus en plus des modèles variés de retraite et montre des retraités qui, loin d'être démolis et dépourvus d'idées et de projets, développent de multiples activités dites productives, qui leur apportent gratification et estime d'eux-mêmes. Bref, ils ne se considèrent nullement comme des retraités au sens premier du terme, c'est-à-dire en retrait. Ils entrevoient cette période ouverte sur diverses potentialités. Bien sûr, ces dernières ne sont pas toujours évidentes au moment du départ à la retraite, notamment pour ceux et celles qui sont partis promptement et qui n'ont guère eu le temps et la possibilité d'examiner leur situation sous toutes les facettes. Une fois le grand saut effectué, ils font face à une réalité jusque-là méconnue et, pour certains, ce changement constitue une rupture brutale.

Soit, le travail assure l'identité, mais comment le remplacer quand on sait qu'il conditionne sa vie depuis plus de 30 ans ? Pour la première fois, le temps n'est plus organisé, n'est plus soumis à un horaire. Au temps de l'enfance et de la jeunesse, il y avait l'école, puis est venu l'âge adulte avec ses responsabilités familiales et professionnelles. Le temps libre pour d'autres activités se plaçait dans les interstices du temps de travail. La vie quotidienne s'articulait au rythme du travail — l'heure du lever, des repas, du coucher — et avec cette distinction entre semaine et fin de semaine. En dehors du marché du travail, il n'y a plus de repère extérieur pour marquer l'écoulement du temps. Il revient désormais à chacun et à chacune d'aménager son emploi du temps à sa guise. Se dessine alors l'impression d'un temps de vacances perpétuelles.

Autant cette perspective est alléchante, autant elle recèle l'ambiguïté et même l'insécurité. De plus, l'expérience du temps est fort variable d'une personne à l'autre. Ou bien il vous paraîtra très long avec le sentiment de ne rien faire, ou bien il vous paraîtra très court avec l'impression d'avoir le temps de ne rien faire et de ne pas vraiment le contrôler. Le temps file, glisse entre nos mains. N'est-ce pas d'ailleurs la phrase que l'on entend sur toutes les lèvres: «je n'ai pas le temps pour faire ceci ou cela», «je manque de temps pour ceci ou cela». Un retraité, deux ans après son départ, l'exprimait ainsi: «Le temps passe si vite maintenant que je me demande comment je trouvais le temps pour aller travailler!» Enfin, les uns s'accommodent fort bien de la disparition de tous les points de repère du temps, à commencer par le réveille-matin à six ou sept heures, jour après jour; les autres, au contraire, s'ennuient de ces points de repère qui martelaient les heures de la journée, de la semaine, de l'année.

## À PROPOS DE LA SOCIABILITÉ

Une autre dimension dont il faut tenir compte lorsque l'on quitte le marché du travail est celle de la sociabilité. Travailler ne concerne pas seulement un ensemble de tâches à réaliser dans un lieu précis et avec un horaire déterminé. Le travail s'accomplit dans un environnement où les relations humaines jouent un rôle capital. Des liens ténus ou plus serrés s'établissent avec le patron, le supérieur immédiat, avec les employés d'une même équipe ou de même niveau. Des réseaux de sociabilité s'élaborent et permettent de vivre de bons moments au travail, de supporter des conditions parfois difficiles ou de traverser des situations pénibles. Qui peut le mieux comprendre ses conditions d'emploi, sinon les collègues les plus proches? Des études ont mis en évidence cet aspect des rapports sociaux au travail, c'est-à-dire que la perte de ces échanges entre les pairs était, dans certains cas, plus difficile à compenser que la perte du travail lui-même. Il importe, si on le souhaite, de maintenir un lien d'appartenance avec les gens de son environnement professionnel, soit par une participation à un quelconque comité, soit par des rencontres organisées en dehors du lieu de travail. Autrement, il faut remplacer ce réseau par un autre pour éviter l'absence de relations sociales et l'isolement.

Les échanges en milieu de travail font partie intégrante de celui-ci. D'une façon générale, ils vont tellement de soi qu'on oublie leur apport. Leur disparition subite se fait pourtant sentir et ce n'est pas toujours du jour au lendemain qu'on trouve des substituts. Sur ce point, les femmes semblent plus aisément trouver d'autres réseaux. La plupart du temps, elles tissent des liens avec différentes personnes ou groupes tout au long de leur vie et pas seulement dans le monde du travail. Par ailleurs, une fois à la retraite, elles sont nombreuses à s'adonner au bénévolat et ce, dans une proportion plus importante que du côté masculin.

La question des relations sociales en est une que Paul avait quelque peu mésestimée. Lors des dernières années passées au travail, comme il a eu à subir plusieurs changements, les échanges enrichissants entre collègues ont été plus rares. Un certain climat de suspicion régnait et envenimait les rapports entre les employés. Il était plutôt content de pouvoir prendre une distance et il n'envisageait pas d'entretenir des liens après son départ. Toutefois, après quelques mois à la retraite, les rencontres et les discussions avec ses pairs lui ont manqué. Durant cette période, il ne faisait pas de bénévolat et n'avait encore adhéré à aucune association. Dans un premier temps, il voulait se reposer et avait tendance à fuir ce qui était susceptible de le ramener aux récentes expériences de travail. Il en avait conservé un goût amer. Étrange, ce manque qui se manifestait tout à coup après avoir plutôt souhaité cette rupture. Heureusement qu'Hélène, sa compagne, s'était toujours occupée des relations sociales du couple. Avec les années, des amitiés s'étaient nouées dans divers milieux et c'était elle qui depuis les débuts de leur union entretenait les liens, organisait les rencontres, planifiait les loisirs. Progressivement, Paul apprenait à se passer des relations professionnelles vécues auparavant. Il misait maintenant sur d'autres réseaux pour maintenir des rapports sociaux.

Un autre élément non négligeable faisant aussi partie des relations sociales est celui des habitudes développées au fil du temps dans son environnement de travail. L'absence des mêmes gestes, des mêmes paroles échangées à son arrivée le matin, au moment de la pause ou à l'heure du lunch fait tout à coup prendre conscience de l'importance que pouvaient prendre ces rituels dans le déroulement de la journée. Il se peut que ces petits riens qui meublent la vie quotidienne et favorisent la communication viennent à manquer dans les semaines et les mois suivant le départ.

Évidemment, ce type d'échanges sociaux qui ponctue les heures de travail diffère selon le genre de poste que l'on occupe. Qu'il s'agisse d'un travail en usine, dans le commerce ou dans un bureau ou encore, qu'il s'agisse d'emplois permanents ou d'emplois contractuels et précaires, ces rapports sociaux ne peuvent être les mêmes. L'écart est grand entre celui qui détient le même emploi depuis 25, 30 ans et plus, et celui que sa situation oblige à changer continuellement de lieu et d'emploi. Il va de soi que la possibilité d'établir des liens durables et d'avoir un sentiment d'appartenance se crée plus facilement dans un environnement stable. En revanche, la disparition de cet encadrement peut entraîner des difficultés plus grandes si on n'a pas pris soin d'en mesurer l'impact et de trouver les moyens de le remplacer.

Pour certains individus, la vie de travail est entièrement distincte de la vie privée et familiale. Les relations sociales sont séparées et sont différentes dans les deux univers; rencontres d'affaires et d'amitié sont dissociées. Il en est autrement chez d'autres pour qui les relations d'amitié se forment en milieu de travail, se poursuivent à l'extérieur ou même se limitent à ce réseau. Après un retrait du monde du travail, les liens créés dans ce milieu peuvent persister, mais il arrive qu'ils soient plus difficiles à conserver. Pour cette raison, il importe de s'interroger sur l'avenir de ce réseau. Souhaite-t-on le maintenir, l'abandonner, le changer? Peu importe ce qu'il adviendra, il faut surtout avoir la capacité d'entretenir les liens déjà établis et qu'on désire sauvegarder ou de les renouveler au besoin. Nombre de personnes ne se sont jamais préoccupées de cette question. Ce n'est qu'au lendemain de la prise de la retraite qu'elles comprennent le vide et la solitude qu'engendre l'abandon du travail avec ce qu'il sous-tendait. Car ce dernier était bien plus qu'un ensemble de tâches.

## REPRÉSENTATION DE LA RETRAITE
## ET DES RETRAITÉS

Un autre aspect dont il faut tenir compte est la perception entretenue par rapport à la retraite et aux retraités. Que représente et signifie pour soi prendre sa retraite : une chance, un privilège, une récompense, une épreuve, la vie rêvée, la vie finie et quoi encore ? Quelle attitude a-t-on par rapport à cette éventualité ? La retraite constitue un temps libre pour s'adonner à quoi au juste ? Lire, faire du sport, voyager, étudier, bricoler, jardiner, cuisiner, s'occuper de ses petits-enfants, faire du bénévolat, rendre service, continuer à travailler, etc. Bref, pour faire enfin tout ce qu'on n'a pu accomplir auparavant ? Les activités qui vous viennent en ce moment à l'esprit, les pratiquez-vous rarement ou régulièrement, ou bien envisagez-vous de les entreprendre pour la première fois ? Ce sont quelques questions sur lesquelles il est bon de vous attarder.

Pour avoir une petite idée de la manière dont vous percevez ce qu'est la retraite, je vous suggère un exercice simple que vous pouvez faire dès maintenant, pour vous-même, intérieurement, ou, si vous préférez, avec votre conjoint ou conjointe, ou encore avec d'autres personnes de votre entourage.

À partir du mot « retraite », essayez de faire des associations, cherchez à quoi il vous fait penser. Qu'est-ce que ce terme évoque en vous, à quoi rime-t-il, à quoi se rapporte-t-il ? Ne faites surtout pas une recherche poussée ou fouillée, laissez venir les mots spontanément à votre esprit.

Répondez le plus honnêtement possible, avec sincérité.

Essayez ensuite de comprendre et d'expliquer pourquoi ces mots vous sont venus à la pensée. Ces mots ont-ils une connotation positive ou négative? Dressez une liste des termes qui, pour vous, ont une résonance constructive et une autre liste avec les termes comportant des aspects plus sombres.

Les réponses obtenues traduisent déjà l'état d'esprit dans lequel vous aborderez cette prochaine étape. Si les résultats comportent plus d'éléments dits négatifs, il y a peut-être lieu de vous interroger sur votre image de la retraite.

Si l'on vous demandait promptement de dire quelles couleurs pourraient être associées à cette période de la vie, que répondriez-vous? Le rose, le vert, le bleu, le gris, le noir, etc. Là encore, vos choix expriment s'il s'agit pour vous d'une période empreinte de plaisir et d'optimisme ou au contraire empreinte d'ennui et de pessimisme. Si c'est la couleur *drab* qui prime, voire l'absence de couleur, on peut sans doute émettre quelque inquiétude. Du moins, cette étape s'annonce pour vous morne et plutôt morose.

Si, de prime abord, ce genre d'exercice semble un peu anodin, il révèle, ne serait-ce que partiellement, l'état mental dans lequel vous vous trouvez. Il est possible que par vous-même vous parveniez à modifier cette attitude négative, si c'est le cas. Peut-être aurez-vous besoin d'aide et d'être davantage supporté.

De plus, si l'on devait exprimer par la parole ou par le dessin la manière dont on se représente ce qu'on souhaite faire ou veut être une fois à la retraite, que dirait-on ou que dessinerait-on? Il s'agit d'une autre façon de découvrir l'image que l'on se fait de sa propre retraite.

Il faut également s'interroger sur sa perception à l'endroit des personnes retraitées. Celles de notre entourage représentent-elles des modèles enviables ou l'inverse? Désirez-vous vivre une retraite en suivant leur exemple ou le contraire? La façon de percevoir cette étape de l'existence peut avoir une influence sur la façon d'aborder et de vivre la retraite. Que ressent-on devant la perspective de dire que l'on est un retraité? Sera-t-on tenté de se définir à partir de ce que l'on a fait antérieurement et ainsi avoir l'impression qu'il n'y a plus rien d'intéressant à l'horizon, que les meilleures années sont derrière soi?

Paul, quant à lui, n'a guère eu le loisir de s'interroger longuement sur sa façon de voir la retraite et les retraités. Bien sûr, il se rendait compte que les personnes nouvellement retraitées étaient plutôt différentes de celles qu'il avait eu l'occasion de côtoyer par le passé. Il reconnaissait tout de même avoir de la difficulté à se débarrasser de certains préjugés. Il n'osait se l'avouer, mais pour lui, le fait d'être rendu là lui renvoyait une image de «vieux» et le limitait dans ses projets et dans leur réalisation. Peut-être aussi conservait-il le souvenir de son père à la retraite. Il ne voulait surtout pas suivre ce modèle.

Paul est néanmoins au nombre des individus entrés dans cette phase de la vie sans s'être au préalable fixé des objectifs ou avoir formulé un projet précis. Il disait : « Je verrai lorsque le temps sera venu. » En fait, il voulait s'accorder une année de répit sans trop avoir de comptes à rendre, une sorte de congé sabbatique, mais une fois arrivé à ce moment, il s'est senti déstabilisé. Il était moins heureux qu'il ne l'avait imaginé. Il lui était difficile de parler de sa situation, car, autour de lui, les personnes récemment retraitées présentaient une image de bonheur. Des collègues un peu plus jeunes l'enviaient. Il se trouvait donc un peu à part et même plus ou moins normal. Il ne pouvait se plaindre de son sort.

## PAUL ET LA PREMIÈRE ANNÉE DE RETRAITE

Paul s'est un peu laissé porter au rythme du quotidien durant toute cette première année. Il n'avait pas d'attentes spécifiques. Il n'avait pas non plus d'horaire établi et s'adonnait à des occupations selon l'intuition du moment. Il a d'abord pris des vacances, puis il a fait du classement dans ses papiers, effectué le ménage du sous-sol, entrepris des travaux de peinture, etc., tout cela sans grand enthousiasme. Pendant ce temps, Hélène poursuivait son travail. Elle avait décidé d'attendre quelques années encore avant de se retirer. Le couple n'a pas projeté de long voyage pour souligner l'entrée à la retraite de Paul. De toute façon, Paul donnait l'impression d'attendre son épouse pour voyager et pour organiser quoi que ce soit. Pour l'instant et même s'il lisait beaucoup, il manquait d'intérêt pour des activités autres que celles de la maison.

En quelque sorte, il jonglait avec le passé, le présent et le futur. Une longue page de sa vie était maintenant tournée et il se trouvait tout à coup désemparé, aujourd'hui, mais aussi par rapport à l'avenir. Malgré tout, il se disait que demain serait peut-être mieux, du moins l'espérait-il, surtout lorsqu'Hélène cesserait de travailler. Il vivait avec le sentiment de perdre son temps ou pire, de tuer le temps, lui qui avait toujours eu un agenda très rempli. Quel contraste! Si certains jours il savourait cet horaire flou, parfois cette souplesse et cette non-planification du temps l'ennuyaient littéralement. Ces longues vacances ininterrompues par la reprise des activités professionnelles lui paraissaient tout à coup comme un temps vide, par opposition au temps plein du travail. Seules les rencontres familiales, amicales et les sorties ponctuaient son horaire. Pourtant, il n'était pas désœuvré, il faisait toutes sortes de choses, mais il se trouvait déstabilisé. Il était aux prises avec une interrogation lancinante: qui suis-je? que vais-je faire maintenant? Heureusement que Paul a fini par se sortir de cette attitude apathique au cours de la deuxième année, mais avant d'en arriver là, il a vraiment traversé une période empreinte d'ambivalence et d'un certain malaise.

Laurent a vécu des réactions et éprouvé des sentiments quelque peu semblables à ceux de Paul, bien que son histoire professionnelle soit différente. Retraité au début de la cinquantaine, il a ressenti une grande libération après avoir quitté son poste qui ne lui avait apporté de la satisfaction qu'en de rares occasions. Il n'était cependant pas à l'aise dans son nouveau statut. Son horaire était maintenant réglé en fonction de celui de sa compagne encore au travail. Comme le couple n'avait qu'une seule voiture, Laurent conduisait son épouse, matin et soir, à son lieu de travail. Le reste de la journée s'organisait autour des activités domestiques, des courses et de quelques engagements à caractère artistique. Il se refusait à une planification trop serrée de son temps. Comme Paul, il donnait l'impression d'attendre sa femme avant d'élaborer des projets mieux structurés. Ce n'est qu'avec elle qu'il envisageait peut-être de suivre des cours à l'université, de voyager et d'augmenter sa participation à des activités culturelles.

Tous n'ont cependant pas les mêmes réactions durant la première année. Aline, ayant pris sa retraite à 65 ans, a vécu pendant les premiers mois une course effrénée : un déménagement, des voyages, des séjours prolongés chez chacun de ses enfants résidant à l'étranger, etc. Elle n'a pas vu le temps passer. C'est donc vers la fin de la première année qu'elle a connu une phase de désorientation et une sorte d'inconfort. Elle, pour qui les activités culturelles et intellectuelles avaient toujours été le leitmotiv de son existence, s'étonnait tout à coup de ne plus prendre autant de plaisir à lire, même qu'elle ne savait plus ce qu'elle aimait lire. L'action bénévole également ne lui apportait pas la satisfaction escomptée. Après ces mois d'intenses occupations, le retour à l'ordinaire quotidien la décontenançait.

La situation de François est bien différente. Après avoir mené une carrière très remplie dans le monde de l'enseignement et de la recherche, et être entré à la retraite après 65 ans, il a aussitôt entrepris un projet qu'il caressait depuis de longues années. En effet, au temps de sa vie professionnelle, François avait un horaire tellement chargé et des activités si nombreuses qu'il lui était impossible de mettre en œuvre toutes les recherches qui lui tenaient à cœur. Il avait reporté au moment de la retraite les travaux non encore accomplis. Dans son cas, même si l'idée de la retraite paraissait lointaine, il savait déjà à quelle activité ce temps serait consacré. De plus, ce projet s'inscrivait dans la suite de ce qu'il avait réalisé durant toute sa vie de travail. François a donc ressenti dans une moindre mesure ce choc du tournant de la retraite. Une longue et patiente préparation a permis d'éviter les turbulences.

Ces quelques pistes de réflexion entourant la prise de la retraite permettent déjà d'entrevoir la façon d'aborder cette nouvelle étape et d'appréhender les sentiments et les réactions qui accompagnent ce tournant de l'existence. Grâce à ces quelques exemples, on se rend compte qu'il est important de considérer son rapport au travail et les circonstances entourant son départ. Il ne faut surtout pas mésestimer ce qui a été vécu tout au long de son parcours. Les expériences passées ont une incidence sur la vie actuelle et continuent d'agir sur soi et autour

de soi. Le chapitre suivant portera sur l'analyse plus approfondie de la situation personnelle et familiale de Paul et d'Hélène,
et de celle d'autres retraités.

# CHAPITRE IV

# Situation personnelle et familiale

D ans les pages précédentes, les histoires de Paul et de plusieurs autres ont révélé l'importance, au moment d'entrer dans la phase de la retraite, d'examiner sa propre situation en tenant compte des étapes passées. J'ai porté un regard sur la vie professionnelle, de même que sur la place occupée par le travail durant cette longue période dite active et sur les circonstances qui ont entouré le retrait. Nous avons pu ainsi prendre connaissance des premières impressions que ressentent ordinairement les récents retraités. Je reviendrai maintenant sur ces principaux états d'esprit, mais d'une manière plus approfondie et ce, en intégrant non seulement le point de vue personnel des individus en cause, mais aussi en analysant la situation des conjoints, s'il y a lieu, et de l'ensemble des conditions familiales.

## LES STADES D'ADAPTATION

Il est des femmes et des hommes qui ont l'occasion d'être sensibilisés au questionnement de la retraite quelques années avant d'y arriver. Ils suivent, par exemple, des cours de préparation à la retraite offerts par l'employeur ou le syndicat. Ils échafaudent des plans parfois précis, parfois approximatifs. À part le fait de réfléchir aux questions financières, un certain nombre d'entre eux ne s'adonnent guère à une réflexion sur le sujet qu'au moment d'effectuer ce tournant. Il s'agit pourtant d'une transition fort importante. Et des séances d'information, si riches soient-elles, ne suffisent pas toujours pour affronter sereinement une rupture soudaine, voire brutale, à un âge où pointent ordinairement d'autres crises : celle du milieu de la vie, de la ménopause, etc. Même si l'on tente de minimiser les effets de ce passage en diffusant de plus en plus souvent des histoires heureuses, il est tout de même question d'un changement majeur par rapport à son ancien mode de vie et aussi par rapport à soi-même. Comment dans cette nouvelle aventure rester sujet, c'est-à-dire maître de son existence. L'entrée à la retraite débouche sur une problématique sociale avec la perte plus ou moins marquée des rôles socioéconomiques admis et joués par la personne jusqu'à ce moment charnière. Mais une autre problématique de nature existentielle se dissimule derrière la retraite et on n'ose l'aborder franchement parce qu'elle renvoie aux derniers temps de la vie. L'entrée à la retraite éveille forcément des pensées sur le vieillissement, la maladie, la solitude, la détérioration et la mort.

Que l'on envisage cette période avec engouement ou non, il peut être difficile de présager ce qui se passera réellement une fois le cap franchi. Selon les personnes, les premiers mois, voire les premières années de la retraite donnent lieu à des réactions très diverses. Cependant, malgré les différences individuelles, il est possible de décrire les phases d'un processus que vivent la plupart des nouveaux retraités. Des écrits[19] pré-

---

19. Voir, entre autres : L. Plamondon, J. Carette et G. Plamondon. *Les enjeux après cinquante ans,* Paris, Laffont, 1984.

sentent des étapes assez semblables qui permettent de connaître et de comprendre l'état d'esprit des retraités.

## *Un temps sabbatique: entre la déstabilisation et la libération*

Pour ma part, ayant étudié la question, je considère que le passage à la retraite est d'abord vécu comme un congé sabbatique. Toutefois, il n'en demeure pas moins que ce premier
moment est souvent caractérisé par une phase de déstabilisation
et de désorganisation. Bien qu'assez brève, cette phase peut
quand même être trouble. Outre le mode de vie complètement
transformé, l'identité s'en trouve ébranlée et subit quelques
secousses. Certaines personnes n'arrivent plus à se situer et à
savoir qui elles sont. Paul, on s'en rappelle, était aux prises avec
ce malaise. De plus, il s'ennuyait d'un horaire surchargé et des
discussions avec les collègues. Une impression de vacuité
caractérisait maintenant sa vie quotidienne. Après plus de
35 ans dans l'enseignement et même s'il était bien préparé à
amorcer le virage de la retraite, François a quand même vécu
difficilement la perte de contact avec les étudiants. Il lui a fallu
créer de nouveaux réseaux de rencontres pour compenser
cette perte et cela, même s'il avait planifié des activités qui lui
tenaient à cœur.

Pour d'autres encore, la disparition du rituel du départ chaque matin pour se rendre au lieu de travail est pénible à vivre
à un point tel qu'on a observé le maintien de cette coutume
chez des nouveaux retraités. Pendant plusieurs semaines, ser-
viette en main, ces derniers continuent d'effectuer le trajet de
la maison au bureau de manière à atténuer le choc de la rupture. Même si ces cas demeurent isolés, ces personnes parviennent difficilement à opérer un transfert de leurs activités et de
leurs habitudes de vie vers d'autres lieux et d'autres occupations. La répétition des mêmes actes les apaise et les rassure,
mais ce ne peut être une solution à long terme.

Laurent, si heureux d'être enfin libéré des contraintes d'un
travail pas très satisfaisant, se sent désemparé durant les premiers mois parce qu'il a le sentiment d'être tout à coup devenu

vieux. Cette identification lui est insupportable. Il est en pleine forme, mais il a l'impression qu'il reflète une image tout à fait différente de celle qu'il s'est construite tout au long de sa vie adulte. Pourtant, il est fondamentalement le même homme. Cette étape de déstabilisation ou de désorientation survient généralement à l'intérieur des deux premières années et n'interfère pas nécessairement avec des sentiments de libération ressentis aussi au début de la période de l'après-travail.

L'entrée dans la retraite permet d'expérimenter différents états, successivement ou simultanément. Une chose paraît certaine : au cours de la période transitoire, d'une durée variable selon les personnes, un mélange de sentiments divers habite les nouveaux retraités. Selon les cas, ils vivent des réactions de toutes sortes avec plus ou moins d'intensité. Au sortir de la vie active, les obligations liées au monde du travail disparaissent et c'est généralement avec un sentiment de satisfaction et de contentement qu'on aborde la nouvelle phase. Finis les horaires rigides, les tâches à remplir ; on savoure enfin cette liberté neuve qui s'inscrit dans la longue durée. L'entrée dans des vacances perpétuelles : telle est la perspective qui se dessine et rares, au début, sont ceux et celles qui n'apprécient pas ce fait.

Soulignons que le moment de l'année où l'on arrive à la retraite peut également exercer une influence sur la manière d'amorcer cette nouvelle étape. Ainsi, laisser son travail au début de la saison estivale, période qui coïncide avec un ralentissement généralisé des activités et la prise des vacances annuelles pour l'ensemble des travailleurs, ne peut provoquer le même impact que de partir en novembre ou en septembre, au moment de la « rentrée ».

Aline, une enseignante au niveau collégial, considère avoir réagi tardivement à l'entrée dans cette phase de la vie. S'étant retirée au printemps, à la fin des cours, elle a, comme à l'accoutumée, quitté la ville pour la campagne. L'automne venu, elle en a profité pour voyager et faire plusieurs visites à sa famille éloignée. C'est avec le retour de l'hiver, après plusieurs mois à la retraite, qu'elle a compris que son existence ne serait plus la même et c'est alors qu'elle a ressenti une grande solitude. Son mari était décédé un an avant qu'elle abandonne son emploi. Comme elle avait été très occupée depuis ce moment, ce n'est pas dans les premières semaines ou mois de la retraite qu'elle a perçu le changement. Le malaise et le vide se sont manifestés plus tard.

Enfin, la majorité tente au mieux de profiter de ce temps qui lui est désormais alloué. Certains vivent cette première période d'une manière vraiment euphorique. Le plaisir est au centre des préoccupations. Pour cette raison, d'aucuns s'interdisent la planification d'un calendrier trop strict, de même que l'élaboration d'un projet précis. Ils veulent laisser toute la place à des imprévus ou à la réalisation spontanée de diverses fantaisies ou activités. Ils évitent les responsabilités qui risquent de ponctuer trop rigidement l'horaire des journées. Dans le maintien ou le choix des occupations, ils restent prudents ; il faut avant tout se garder un espace, une marge de manœuvre. Ils ne veulent pas répéter ou revivre l'étape qui vient d'être abandonnée.

De façon générale, les personnes qui démontrent un intérêt plus marqué pour la liberté que confère leur nouveau statut sont celles ayant éprouvé davantage de difficultés dans leur milieu de travail. Ce qui donne à croire que l'importance accordée à la libération est proportionnelle à l'insatisfaction rencontrée au cours de la vie professionnelle. Plus l'occupation représentait un caractère pénible, plus le sentiment libérateur est intense.

Micheline a grandi dans une famille nombreuse de la classe ouvrière. Un seul de ses frères a pu faire des études poussées. À 17 ans, elle a commencé à travailler. Demeurée célibataire, elle n'a jamais laissé le monde du travail et cela même si elle exécrait son emploi en usine. Ce sont les conditions qu'elle a eu à endurer qui ont été harassantes. Tant bien que mal, elle a subi son sort. Quand l'heure du départ à la retraite a sonné, ce fut pour Micheline un grand soulagement. Aujourd'hui elle respire d'aise et se complaît dans sa nouvelle vie, malgré qu'elle y soit entrée très fatiguée.

Au contraire, les individus ayant vécu une carrière sans forte perturbation et qui voient le travail plus comme un épanouissement que comme un gagne-pain ressentent à un degré moindre cet effet de libération. N'ayant pas ou peu ressenti d'accablement avec les années, ce n'est pas cette dimension qui a le plus d'incidence sur leur façon d'aborder cette période. Une proportion de ces retraités essaient de poursuivre des tâches dans la même ligne qu'auparavant ou se tirent bien d'affaire dans une reconversion de leurs activités. Un faible pourcentage d'entre eux connaissent cependant de sérieuses difficultés à s'acclimater à ce changement de rythme de vie.

Certains ont tendance à fuir la nouvelle réalité dans une forme d'activisme. Ils remplacent le plein du travail par un horaire rempli d'occupations de tous ordres. C'est un peu l'attitude qu'a adoptée Laurence durant les premiers mois. Craignant la maladie, elle cherchait au mieux à meubler le temps, tandis qu'elle avait encore la santé et qu'elle était mobile. Elle avait peur de devenir pantouflarde et de se retrouver confinée dans l'appartement où elle avait emménagé un peu avant la retraite. Le magasinage, les concerts, le théâtre, les visites dans la famille et chez les amis, les réunions avec diverses associations, un long voyage, toutes ces activités ont fait qu'elle était constamment à l'extérieur de chez elle. Paradoxalement, cet emploi du temps serré convenait à Laurence, car elle ne voulait pas sombrer dans l'ennui, mais elle faisait le constat d'avoir trop d'engagements. Elle ne voulait pas un horaire trop établi, ni un programme trop planifié. Elle souhaitait des structures souples.

Il reste que pouvoir disposer de son temps à sa guise sans formuler de plans trop définis est ce à quoi aspirent la plupart des retraités, du moins dans les premiers temps. Toutefois, malgré ce refus d'un réaménagement rigoureux de leur horaire, ils finissent par développer une ambivalence par rapport à cette trop grande souplesse de vue.

### Un temps d'ambivalence : de l'interrogation à l'ébauche d'un projet

Peu à peu, un sentiment d'ambivalence succède ou s'entremêle à cette sensation de bien-être que l'on voudrait voir perdurer. Même chez les personnes pour qui il importe de se sentir entièrement libres à partir de l'entrée à la retraite, une interrogation prend forme graduellement autour de l'idée qu'un tel genre de vie ne peut durer. Cette étape d'entre-deux devient à la longue inconfortable. On s'imagine mal vivre un état de vacances continues. «Si aucun investissement ne vient rompre le fil du temps vide, si nulle passion, nulle obligation ne viennent contraindre l'individu à sortir de ce vide, le voici en proie à l'ennui, lié à l'absence de contraintes et à l'absence de repères[20].»

On prend ainsi conscience soudainement qu'une forme de projet doit s'élaborer et se concrétiser. Son emploi du temps doit se structurer autour d'un objectif quelconque. Il faut trouver une façon de réaménager son temps. «Il faut garder un travail, il faut trouver quelque chose», comme le dit Aline. Mais comment en arriver à construire un projet qui réponde à ses intérêts, qui ne soit ni trop engageant ni trop contraignant et qui maintienne le sentiment d'être utile et de se faire plaisir? Pour plusieurs, il ne faut surtout pas reproduire une étape semblable à celle du travail. Il faut donc chercher un compromis: sauvegarder sa liberté, tout en s'impliquant plus activement dans certaines causes.

Vers la fin de la première année et durant la deuxième année apparaît donc l'idée de ponctuer son temps d'une manière un peu plus ordonnée et, surtout, si ce n'est déjà fait, de chercher ses intérêts dans des activités vivifiantes en vue d'esquisser un projet. Au chapitre suivant seront exposés des exemples de projets ou des manières de le penser. Le moment de la retraite est un espace-temps à réaménager en plus d'une crise d'identité à régler.

Il peut cependant arriver que certains retraités éprouvent avec moins de force l'envie de se tracer un programme d'activités. Leur souhait est d'avoir un style de vie plus tranquille. Cela peut être dû au fait qu'une fois libéré d'un travail épuisant et non valorisant, ils ne ressentent pas le besoin d'une organisation soutenue. C'est la situation de Micheline, cette ouvrière dont on a

---

20. Charlotte Herfray, ouvrage cité, 1988, p. 138.

parlé plus haut. Cela peut aussi être dû au fait qu'ils ont du mal à faire le deuil des étapes passées et, pour cette raison, il leur est difficile de modifier leur mode d'existence et de repartir autrement. Ils n'ont pas la motivation ou l'énergie suffisantes pour investir dans quelque chose de neuf ou de différent.

En somme, le passage à la retraite éveille des sentiments de toutes natures et fait vivre différents états. D'un côté, il évoque la perte, le manque, le renoncement, de l'autre, la paix, le plaisir, la liberté. Cette transition qui s'étend ordinairement de quelques mois à deux ans, parfois un peu plus, déclenche presque toujours quelques bouleversements et introduit de nouvelles questions auxquelles il faut trouver des réponses. Finalement, elle doit conduire vers une période de latence semblable à celle qui suit la petite enfance et précède l'adolescence, intervalle pendant lequel il n'y a pas de crise particulière à résoudre. La psychanalyste Charlotte Herfray[21] fait ce rapprochement. Le tournant de la retraite qui coïncide de plus en plus avec la crise du milieu de la vie interpelle la personne dans son rapport à elle-même, aux autres et à son environnement. Après avoir consenti à se repositionner et à se remobiliser pour d'autres formes d'agir, l'individu peut vivre une bonne période sans remous majeurs lui permettant des accomplissements satisfaisants. L'étape suivante sera celle qui sonne le déclin avec son cortège de pertes irréversibles.

En résumé, on se rend compte que la première année, vécue comme un temps sabbatique et même euphorique, donne lieu tour à tour à l'expression d'une libération, d'une ambivalence, d'une organisation temporelle plutôt souple, mais suscite finalement une interrogation et provoque une déstabilisation de la personne. Je l'ai dit, ces phases ne suivent pas toujours le même ordre chez tous les individus. Ou bien encore ces états se mêlent et se vivent tous à la fois au même moment. Une chose est sûre, c'est qu'à peu près tous les individus traversent ces phases ou ces états. Ce qui varie, c'est leur degré d'intensité et leur durée.

---

21. *Ibid.*, 150-152.

## UNE TRANSITION INACHEVÉE

Les personnes qui, après quelques années, ne parviennent pas à faire le passage vers cette autre étape, restent dans une impasse. C'est alors que des troubles physiques et/ou psychologiques peuvent insidieusement apparaître. Je le répète, un changement dans le cours de l'existence, surtout lorsqu'il survient d'une manière inopinée et sans préparation adéquate, favorise le réveil de conflits enfouis non encore résolus. L'incapacité à nommer le malaise se traduit souvent par des manifestations somatiques. Ces dernières, telle une issue et à l'insu de la personne, servent d'alibi et parfois même deviennent une raison d'être qui permet de redonner un certain sens à l'existence. Sans l'avoir délibérément recherché, la personne atteinte s'attire ainsi non seulement la compassion des siens, mais elle trouve également une justification et une forme de statut. Être malade autorise en quelque sorte à diminuer ou à cesser tout effort et toute démarche d'adaptation à une nouvelle situation ou, du moins, déplace l'enjeu. La maladie peut être une façon de contourner ou de refuser ce qui est. Bien sûr, cela se trame inconsciemment, sans que l'individu ne s'en rende vraiment compte.

La plupart d'entre nous ont en tête des exemples malheureux d'individus touchés émotivement ou physiquement peu de temps après l'entrée à la retraite. Sans qu'ils soient légion, certains cas exposent une dynamique dramatique qui peut parfois aller jusqu'au suicide. En cela, l'histoire d'Émile est éloquente. Il avait toujours eu une existence trépidante, mais parfaitement rodée. Les heures de la journée étaient remplies et rythmées par les tâches à accomplir à l'intérieur du temps de travail, du temps libre plutôt rare, du temps des repas, etc. Au lendemain de son retrait du marché du travail, il s'est trouvé décontenancé par la disparition de tous ses repères. En dehors du travail, il avait développé peu d'habiletés et n'arrivait pas à s'investir dans quoi que ce soit. Petit à petit, il s'est fermé à son entourage ; il est devenu triste et renfrogné. Il ruminait. Tout lui paraissait terne et sans intérêt. Une fatigue chronique s'est emparée de lui. Graduellement, toutes sortes de maux sont apparus : troubles digestifs et troubles du sommeil. Tout cela lui gâchait la vie. Pour éloigner ces sensations désagréables, il avait augmenté sa consommation d'alcool et recommencé à fumer. De plus en plus sédentaire, il devenait progressivement, mais sûrement, le parfait candidat au développement de maladies cardio-vasculaires. C'est d'ailleurs ce qui a fini par se produire. Deux infarctus coup sur coup l'ont foudroyé. Il s'en est plus ou moins remis. Depuis, les jours coulent lentement et dans une sorte de pesanteur. Émile monopolise ainsi toute l'attention et ne cesse d'inquiéter ses proches. Il n'est pas bien et sa langueur se répercute sur son épouse et ses enfants.

## LA SITUATION DU CONJOINT

Jusqu'à maintenant, je me suis davantage attardée à la situation de la personne qui entre dans cette étape. J'ai tenté de l'inciter à réfléchir sur elle-même et sur son projet, et aussi de l'informer sur les différents états qui peuvent se manifester. Il n'y a cependant pas que la personne retraitée dont il faut tenir compte. La personne nouvellement retraitée a bien souvent un conjoint, des enfants, des petits-enfants, des parents, bref, une famille. L'arrivée à la retraite exerce une influence sur les membres de la famille, pas seulement sur l'individu concerné. C'est pourquoi il importe de considérer les perceptions et d'examiner les conditions dans lesquelles se trouve le conjoint du futur ou du nouveau retraité.

Les retraités actuels, tant les femmes que les hommes, vivent des situations inédites et des plus variées, alors qu'il n'y a pas si longtemps, la retraite ne concernait que les hommes ; les femmes étaient, dans une bonne proportion, demeurées à l'écart du monde du travail. L'homme qui prend sa retraite ne peut faire fi de sa situation de couple et de l'ensemble de ses conditions familiales. Selon que son épouse est demeurée à la maison, qu'elle a toujours été dans le monde du travail ou qu'elle y est entrée ou retournée tardivement, les enjeux ne sont pas les mêmes et vice versa lorsque la femme se retire du marché du travail.

## Être ensemble de façon permanente

Bien que dans la génération des nouveaux retraités, l'on trouve moins de femmes mariées qui sont toujours restées au foyer et que leur nombre ne cessera de diminuer et même que cette situation disparaîtra dans les générations futures, on ne peut actuellement faire abstraction de ces femmes «à la maison». Dans le passé, ces cas ont fait l'objet d'analyses qui démontraient que les femmes ayant fait carrière dans l'univers privé ne pouvaient aborder cette période avec le même état d'esprit que leurs maris. Il s'agissait de la retraite des hommes. De leur côté, les femmes poursuivaient comme avant les mêmes activités et ne vivaient pas de grands bouleversements. Étant donné que ce point tournant arrivait plus tard dans le cycle de vie, la période de perturbation, celle du nid vide et de la ménopause, était achevée ou presque.

Cependant, un changement d'importance survenait : ces femmes ayant investi la maison devaient tout à coup partager cet espace. Certaines vivaient et vivent encore comme une intrusion cette arrivée soudaine du mari qui lui, tente, au mieux, de se faire une place. Pour ces femmes, la maison est leur lieu de travail. Depuis fort longtemps, elles l'ont aménagée à leur convenance et selon leurs besoins. Elles ont établi leur horaire en fonction de l'entretien, des courses à faire, des activités de loisir et de bénévolat, etc. Elles se sont ajustées au rythme des obligations familiales. Quelquefois, elles viennent à peine de s'adapter au départ des enfants, ont réorganisé leur mode de vie et voilà qu'elles doivent dorénavant partager le territoire et le quotidien avec leur conjoint. Cette cohabitation plus assidue peut entraîner des frictions chez certains couples et exige une bonne dose de compréhension et de compromis de part et d'autre.

Dans les circonstances, bien des éléments sont à considérer et le couple est mis à l'épreuve. À part les fins de semaine et les périodes de vacances, les deux conjoints n'ont pas vécu beaucoup ensemble. Une nouvelle adaptation est à faire, tel un nouvel apprentissage de la vie à deux. Pour la première fois de sa vie peut-être, le couple partagera la quotidienneté et cela, jour après jour, 24 heures sur 24. Ce constat vaut également pour les conjoints ayant tous deux travaillé à l'extérieur. Puis, avec une longévité accrue, les unions durent 30 ans et plus. Il faut donc que l'harmonie règne et qu'au fil du temps, la femme et l'homme se soient réservé des plages horaires, aient développé chacun leur autonomie, qu'ils aient à la fois des activités personnelles et communes. Pour certains, lorsque les ajustements se font sans trop de peine, ce peut être l'une des tranches de vie les plus heureuses ou, du moins, un temps d'accalmie après des moments de turbulence. Les responsabilités familiales ont certes diminué. Enfin, elles ne présentent pas les mêmes tensions. Laurent, ce jeune retraité dont la vie de travail n'avait pas été des plus satisfaisantes, jugeait qu'il avait maintenant accédé à la plus belle période de sa vie. Il aurait voulu toujours rester à cet âge, c'est-à-dire dans la cinquantaine.

Jean envisageait cette nouvelle étape dans la hâte et le contentement. Lui et son épouse caressaient un projet commun axé sur le jardinage et la culture de la terre. Ils savaient qu'une lourde tâche les attendait, mais c'était là leur souhait. Tous deux ressentaient ce besoin d'un rapprochement avec la nature. Pour eux, c'était le début d'un temps nouveau, l'occasion de se retrouver et d'accomplir quelque chose ensemble. Ayant peu travaillé à l'extérieur, sa compagne avait consacré la majeure partie de sa vie à l'éducation de leurs quatre enfants. Ces derniers avaient quitté le nid familial, elle était maintenant plus libre. Aucun obstacle n'entravait le choix du moment de la prise de la retraite et ne venait contrecarrer leurs désirs. Les premiers temps ont tout de même demandé une adaptation. À la retraite, Jean s'est senti libéré, mais il n'avait pas encore fini de digérer l'expérience décevante vécue en fin de carrière. Jean est ce retraité dont j'ai déjà relaté l'histoire. Après un long congé de maladie, il a perdu la ferveur au travail qui l'animait auparavant. C'est alors qu'il a songé sérieusement à la retraite et qu'il s'est retiré plus vite qu'il ne l'avait présumé.

Après mûre réflexion, Suzanne avait choisi de s'occuper de ses enfants et n'est pas revenue sur le marché du travail une fois qu'ils ont été assez autonomes. Elle a commencé à faire du bénévolat et s'est mise à la pratique de quelques sports. Elle s'était construit une vie des plus agréables. Lorsque son mari s'est retrouvé à la maison plus tôt que prévu parce qu'il a dû prendre une retraite anticipée, l'existence de Suzanne a été complètement chamboulée. Elle avait de la difficulté à maintenir ses activités. Elle se sentait envahie et coupable de laisser seul son compagnon, surtout qu'il ne manquait pas de passer des commentaires sur les absences répétées de sa femme. Il ne le faisait pas méchamment, mais il comprenait mal qu'elle ne consente pas facilement à modifier son horaire. Après tout, il était désormais libre et présent. Il s'était imaginé que du jour au lendemain Suzanne allait radicalement changer ses habitudes. Personnellement, il avait à expérimenter un autre régime de vie où ses anciennes fonctions n'existaient plus, ce qui en soi n'était déjà pas facile. Il oubliait cependant que les compromis devaient se faire autant de son côté que de celui de sa conjointe. Il leur a fallu plusieurs mois de tâtonnement pour faire l'apprentissage d'un nouveau rythme et atteindre un équilibre convenable dans leurs relations et l'organisation de leur vie.

## Être seul ou le devenir

Malheureusement, pour certains couples, c'est l'éclatement. Des divorces surviennent de plus en plus à cette étape de l'existence. De nombreuses personnes n'arrivent pas à surmonter les difficultés occasionnées par la transformation de leur mode d'existence. La tolérance qu'ils avaient manifestée jusque-là ne tient plus. Le face à face plus fréquent leur est pénible à supporter. Le regard de l'autre devient dérangeant. D'aucuns se sentent épiés. Ils ne réussissent pas à «inventer la distance juste, redistribuer les rôles, réajuster les pouvoirs» comme l'affirme fort à propos le sociologue Louis Roussel[22]. Plus que jamais, c'est le moment de vérifier s'il existe une réelle complicité et

---

22. Louis Roussel. «Les relations intergénérationnelles au moment de la vieillesse des parents», *Gérontologie et société,* nº 55, 1990, p. 39.

solidarité entre les deux partenaires. Quand la relation n'est pas trop détériorée, ce moment permet également de renouveler l'expression d'une tendresse, de développer une intimité plus grande ou différente.

Il arrive aussi que la séparation du couple ait lieu quelques années avant la retraite de l'un ou l'autre. Selon que l'on est seul ou avec un autre conjoint lorsqu'on entre dans cette étape, il est possible que la nouvelle situation vienne réactualiser des problèmes que l'on croyait résolus. Le fait d'être seul depuis un certain moment peut compliquer le passage à la retraite et encore plus si on n'a pas eu le temps nécessaire pour se remettre d'un divorce. Être arrivé à ce stade de la vie fait prendre conscience de son âge et donne parfois l'impression qu'il est maintenant trop tard pour rencontrer un autre partenaire et refaire sa vie.

Également, celui ou celle qui se trouve dans une situation de veuvage au moment de se retirer de la vie professionnelle peut vivre plus intensément la solitude. Le travail permettait une échappée. Pendant un temps, il a peut-être suffisamment comblé le vide. Aussi doit-il être promptement remplacé par des engagements significatifs et par l'entrée dans de nouveaux réseaux.

Aline a quitté l'enseignement un an après être devenue veuve. On se souvient que, pour elle, la solitude s'est surtout fait sentir vers la fin de la première année de retraite. Le décès de son époux et la retraite : ces deux événements ont eu un impact à retardement. Ils ont provoqué chez elle un effet de déstabilisation qui s'est maintenu durant la deuxième année. Sans être profondément malheureuse, Aline cherchait, se cherchait. Avec ces ruptures, elle se demandait comment renouer le fil de son existence, où trouver un nouveau sens. Vivre seule lui pesait toujours plus ; elle craignait la dépression. Au terme de cette année d'agitation, elle a fait la connaissance d'un homme qui est devenu son second mari. Cette rencontre a été bénéfique. Elle a retrouvé son dynamisme d'antan. Elle et son conjoint ont mis sur pied une agence de consultants qui les amène parfois à effectuer des séjours à l'étranger. Entre ces voyages, ils mènent une vie plus calme, partagée entre les activités sociales, culturelles et sportives.

## *Entrer à la retraite ensemble ou à des moments différents*

Si le fait d'être seul pour amorcer cette nouvelle étape de l'existence présente, dans certains cas, des difficultés d'adaptation supplémentaires, une union récente peut également représenter, pour certaines personnes, un ajustement plus important. Ou encore, c'est davantage dans l'euphorie qu'est abordée cette étape quand, par exemple, les deux conjoints entrent à la retraite au même moment. Toutefois, dans la situation où l'un des deux ne peut envisager d'abandonner son emploi dans un avenir rapproché, ce décalage peut entraîner un certain déséquilibre et des tensions. Les projets sont plus difficiles à aménager. Cet écart se retrouve non seulement en ce qui concerne les parcours professionnels, mais aussi en ce qui concerne l'âge. Quand il s'agit d'une nouvelle alliance, il se peut que la femme soit plus jeune et qu'alors elle ne veuille ou ne puisse prendre une retraite avant plusieurs années. Qui plus est, il arrive parfois que le conjoint exerce des pressions afin que sa compagne laisse le travail plus tôt que prévu.

Bien sûr, ce genre de situation survient aussi quand il s'agit d'unions de longue date. J'ai parlé un peu plus haut des couples dont la femme est restée à la maison, mais, actuellement, parmi les femmes et les hommes qui entrent à la retraite, il se trouve de nombreuses femmes ayant exercé un métier ou une profession pendant 25, 30 ans ou plus. Elles n'ont pas ou peu connu d'interruptions. Pour celles-là, si l'écart d'âge n'est pas trop grand avec leur conjoint, il est plus facile d'ajuster le moment de la retraite. Cependant, dans la génération actuelle qui parvient à cette étape de l'existence, une bonne proportion des femmes ont surtout vécu un parcours professionnel marqué par la discontinuité. D'ailleurs, même parmi les baby-boomers qui commencent à entrer à la retraite, un assez bon nombre de femmes auront connu un itinéraire professionnel en dents de scie. Pour cette raison, certaines d'entre elles souhaitent conserver leur emploi pour plusieurs ou quelques années encore, afin de contribuer plus longtemps à un régime de pension et de s'assurer une retraite plus confortable ou tout simplement parce qu'elles aiment leur travail et ne savent pas précisément comment remplacer cette activité.

Les comportements des travailleuses en matière de retraite ressemblent de plus en plus à ceux des travailleurs. Il faut toutefois noter que les femmes qui considèrent qu'elles sont à la retraite définissent celle-ci différemment des hommes. Selon des analyses de Statistique Canada[23], certaines se disent retraitées, alors que leur dernier emploi peut remonter au moment où elles ont quitté le marché du travail pour élever leurs enfants ou bien évoquent des raisons comme la maladie d'un enfant ou du conjoint pour expliquer leur retrait définitif. D'autres établissent leur état de personne retraitée à partir de transitions dans leur vie qui n'ont pas nécessairement un lien de parenté avec une participation à la vie active, par exemple, le départ des enfants adultes de la maison familiale. Enfin, pour plusieurs, ce peut être le moment où leur mari accède au statut de retraité ou reçoit un chèque de pension. Il reste cependant que les femmes ayant entretenu un lien d'emploi tentent, dans la mesure du possible, de faire coïncider leur passage à la retraite avec celui de leur conjoint.

Les femmes ont plus tendance que les hommes à tenir compte de la carrière et de la retraite du conjoint en ce qui concerne la décision du départ à la retraite. Elles choisiront de demeurer en poste si leur compagnon continue de travailler et reporteront ainsi la retraite à plus tard, surtout si elles peuvent gagner un bon salaire. Les hommes semblent cependant moins influencés par la situation professionnelle de leur épouse quand il s'agit de cette question. Une enquête canadienne[24] effectuée en 1997 auprès de personnes mariées ou en union de

---

23. Manon Monette. «La retraite durant les années 1990», *Tendances sociales canadiennes,* n° 42, 1996, p. 10-13.
24. Dave Gower. «La retraite chez les couples qui travaillent», *L'emploi et le revenu en perspective,* vol. 10, n° 3, 1998, p. 28-32.

fait, âgées de 55 à 74 ans, qui ne travaillaient pas, ne cher-
chaient pas d'emploi et n'avaient pas travaillé au cours de la
dernière année, révélait que le tiers des couples avaient pris
leur retraite ensemble, c'est-à-dire à moins d'un an d'intervalle.
Dans les deux autres tiers, la femme quitte plus souvent son travail avant son mari ; elle le fait à l'intérieur de un à cinq ans. Sur
ce point toutefois, la différence entre le comportement des femmes et des hommes n'est pas très grande. À titre d'exemple,
dans 37 % des couples, la femme cesse de travailler un an avant
son mari, alors que celui-ci laisse son travail en premier dans 30 %
des cas. De même, pour les autres qui se retirent entre deux et
cinq ans d'intervalle, les femmes sont les premières à le faire,
mais l'écart reste minime. Enfin, il semble que l'entrée à la
retraite de l'homme ait davantage de retombées sur l'ensemble
de la famille ; celle de la femme demeure plus isolée du contexte familial. De toute manière, tout cela dépend en grande
partie de l'histoire passée du couple et de la famille.

L'exemple suivant constitue un cas d'actualité de plus en
plus fréquent. Michel a mené toute sa carrière comme contrac-
tuel. Les interruptions ont été rares, mais avec la récession économique et les restrictions budgétaires, son dernier contrat de
travail n'a pas été renouvelé. Après quelques démarches infruc-
tueuses pour se replacer, Michel, qui est encore dans la cinquantaine, commence à se percevoir comme un préretraité[25]. Il
n'avait pas pensé que sa vie professionnelle prendrait fin de
cette façon. Il était en désarroi. Qu'allait-il devenir ? Sans être
dans une situation financière lamentable, il n'avait tout de
même pas cotisé régulièrement à un régime de pension avec
un employeur. Et puis que ferait-il maintenant : continuer sa
recherche d'emploi ou entrer véritablement à la retraite ? Alors
qu'il avait à se redéfinir plus tôt que prévu, sa nouvelle condition

---

25. Jusqu'ici, indépendamment de la variété des situations, je n'ai utilisé que le
terme «retraite» ou «retraité». Celui de «préretraité» renvoie à la personne qui
est constamment, voire définitivement, en situation d'inactivité professionnelle
bien avant 65 ans.

le rendait passif et morose. Il ne savait plus qui il était, où il allait. Il devenait de plus en plus casanier, ce qui occasionnait quelques tensions dans sa vie de couple. Sa conjointe, beaucoup plus jeune, détenait un très bon emploi, mais ne pouvait envisager la retraite avant plusieurs années.

Actuellement, à cause de toutes les mutations dans l'univers du travail, un nombre de plus en plus important d'individus se trouvent dans une position ambiguë: celle de ne pas être vraiment un travailleur, ni un retraité, ni un chômeur, ni un inactif. Après un certain temps, ils deviennent malgré eux des retraités.

## QU'EN EST-IL DE PAUL ET D'HÉLÈNE?

Paul et Hélène n'ont pas pris leur retraite au même moment. Hélène a été absente du marché du travail pendant une bonne dizaine d'années. Le nombre d'années de contribution à un fonds de pension n'était pas assez élevé pour qu'il soit avantageux pour elle de laisser son emploi au même moment que Paul. De plus, elle est plus jeune de trois ans; elle avait seulement 52 ans lorsque son mari a décidé de se retirer. Hélène continue d'aimer sa profession, mais les conditions actuelles dans le secteur de la santé commencent à l'irriter. Les changements majeurs qui ont eu lieu dans son milieu de travail se répercutent sur sa qualité de vie, tant familiale que professionnelle. Elle ne sait si elle tiendra le coup encore longtemps. Heureusement qu'elle a découvert récemment un intérêt et un talent pour la confection et les arrangements de fleurs. Cette activité la passionne.

Comme Hélène continue à travailler, Paul estime que leur situation est loin d'être idéale. Le couple n'est pas tout à fait au même diapason. Tous les deux aspirent à une régularisation de leur rythme de vie. Lorsque Paul a dû prendre une décision hâtive concernant son départ à la retraite, Hélène n'avait pas encore songé à cette éventualité. Jusqu'à ce moment, cette perspective lui avait paru lointaine, mais elle s'est sentie tout à coup bousculée par les événements. Tout se présentait si vite. Du jour au lendemain, leur vie à deux s'en est trouvée quelque peu bouleversée, peut-être même menacée.

Cependant, une fois le tournant franchi, la nouvelle vie comporte certains avantages, du moins sur le plan de l'organisation quotidienne. Entre autres, Paul assume une part plus grande des travaux domestiques, surtout les courses et la préparation des repas. Lorsqu'Hélène rentre du travail, le repas est souvent prêt. Ils peuvent alors disposer d'une soirée plus longue et pas seulement occupée à l'écoute de la télévision. Auparavant, Paul s'était peu impliqué dans la cuisine et, devant ses échecs culinaires et ses méthodes de travail, Hélène a dû user de tact et apprendre parfois à se taire. Outre l'adaptation de Paul, tout au long de la première année de cette nouvelle phase de l'existence, d'autres éléments qui ont amplifié des préoccupations familiales déjà présentes sont à considérer.

## LES RESPONSABILITÉS ENVERS LES ENFANTS

Hélène et Paul ont deux enfants qui, au moment de l'arrivée à la retraite de Paul, avaient respectivement 27 et 23 ans. L'aîné avait terminé ses études depuis un an. Il ne vivait plus sous le toit familial, mais, depuis son premier départ de la maison à 19 ans, il était revenu s'y installer à quelques reprises. Comme de nombreux jeunes de son âge, il n'avait pas encore d'emploi stable. Il avait en quelque sorte connu une «trajectoire migratoire[26]». L'amie avec qui il partageait sa vie depuis deux ans était dans la même situation. Contrairement à beaucoup d'autres, leurs conditions précaires n'ont pas mis un frein à leur désir d'avoir un enfant; elle était maintenant enceinte.

Hélène et Paul allaient donc devenir grands-parents au cours de l'année 1998. Si c'était là une source immense de joie

---

26. La sociologue Madeleine Gauthier et ses collaborateurs ont formulé cette expression à la suite d'études effectuées sur l'expérience de la mobilité géographique des jeunes Québécois. La trajectoire migratoire pourrait bien constituer le modèle de passage à la vie adulte de nombreux jeunes.
Madeleine Gauthier (dir.), *Pourquoi partir? La migration des jeunes d'hier et d'aujourd'hui,* Sainte-Foy, Presses de l'Université Laval et Institut québécois de recherche sur la culture, 1997.

et de bonheur, c'en était aussi une d'inquiétude. Ils avaient en effet attendu l'amélioration de leur situation matérielle et professionnelle et l'adaptation à la vie à deux avant de mettre au monde des enfants. Ils se demandaient comment le jeune couple allait s'acquitter de sa responsabilité parentale. Sans doute, aurait-il besoin d'une aide sous différentes formes, et c'est sur eux que les jeunes parents compteraient pour ce soutien. Pour Paul, l'annonce de cette nouvelle combinée à la prise de la retraite a amplifié son sentiment d'être subitement devenu vieux. Quant à Hélène, elle souhaitait être libre le plus possible pour profiter au mieux de cette belle arrivée. Mais elle entrevoyait déjà le manque de temps.

Pour sa part, la fille d'Hélène et de Paul, n'ayant pas fini ses études, demeurait encore chez ses parents. Ces derniers assumaient les frais de scolarité et ne réclamaient pas de pension d'hébergement. La jeune fille subvenait à ses besoins personnels. Comme la plupart des jeunes de son âge, elle avait déniché un emploi de quelques heures par semaine lui permettant de concilier travail et études. À l'opposé de son frère, elle avait décidé de prolonger la cohabitation avec ses parents en attendant le moment de pouvoir s'assumer entièrement sur le plan financier. Du point de vue d'Hélène et de Paul, les obligations allaient continuer quelques années encore et il faudrait composer avec des ressources financières moindres, même si Hélène et Paul ne pouvaient se plaindre. Contrairement à tant d'autres, ils faisaient figure de nantis.

La plupart des personnes qui songent à la retraite choisissent, dans la mesure du possible, d'effectuer ce passage à une époque de leur vie où ils n'ont plus de responsabilités familiales. On se rappelle Laurent, ce retraité ayant eu la possibilité de prendre une retraite anticipée. Pour lui, père de trois enfants, il était clair qu'il n'aurait pu franchir ce pas s'il y avait eu encore des jeunes à la maison et s'il avait dû subvenir à leurs besoins. Il lui importait de ne plus avoir de dettes et d'être libre et dégagé à tous points de vue. Lui et son épouse étaient grands-parents ; tous les deux appréciaient ce rôle, mais déploraient le fait que leurs petits-enfants habitaient une autre ville que la leur. Ils ne pouvaient les voir aussi souvent que désiré.

Jean fait également le constat qu'il n'aurait pu envisager sereinement la retraite avec la présence d'enfants à la maison et les obligations qui s'ensuivent. J'ai déjà raconté l'histoire de Jean. On se souvient qu'il avait quitté son poste plus tôt qu'il ne l'avait imaginé parce qu'après un long congé de maladie, il ne s'était plus trouvé à l'aise dans son milieu de travail. À l'arrivée à la retraite, Jean et sa femme voulaient cultiver un lopin de terre. S'ils n'avaient plus de responsabilités envers leurs enfants, ils n'étaient pas encore grands-parents. Leur souhait était d'entretenir des liens plus serrés avec leurs jeunes adultes, en privilégiant plus assidûment les rencontres familiales. Le côté affectif occupait une place de plus en plus importante, ce qui n'excluait pas pour autant un soutien matériel ou financier occasionnel.

Le choix du moment de la retraite peut parfois différer chez les travailleuses. Il arrive qu'elles devancent leur sortie d'activité si elles se jugent trop accaparées par les charges familiales. Les femmes en âge d'accéder à la retraite et celles qui y sont réellement détiennent encore une large part des responsabilités domestiques et familiales. Des études ont d'ailleurs montré qu'elles s'adaptaient plus aisément à la retraite, puisque ces tâches demeuraient, la rupture étant ainsi atténuée. D'ailleurs, de nombreuses femmes au travail, notamment celles qui occupent des emplois qui requièrent un investissement moindre de toute la personne, ont tendance à s'identifier d'abord au domaine privé. Ce qui peut expliquer que, dans ces cas, le retrait puisse être vécu de façon moins draconienne.

Le nombre de femmes qui mènent une carrière n'a cessé d'augmenter au cours des trois dernières décennies. Ces professionnelles commencent à arriver à la retraite et plusieurs parmi elles traversent les mêmes étapes que les hommes et éprouvent des sentiments identiques. Aline, cette enseignante devenue veuve un an avant de laisser son poste, reconnaît avoir vécu le passage à la retraite de la même manière que ses collègues masculins parce que, dit-elle, elle a eu une mini-carrière. Elle considère que les femmes ayant eu un rapport avec le monde du travail éprouvent sensiblement des états semblables à ceux des hommes, alors que pour les femmes restées au foyer, le problème ne se pose pas dans les mêmes termes. Elles n'ont pas à trouver de nouvelles fonctions.

Une autre situation sur laquelle je me suis peu penchée jusqu'à maintenant est celle du couple qui se trouve dans une famille recomposée avec des jeunes non encore autonomes. Dans ces familles, il peut arriver que l'écart d'âge entre les conjoints fait que l'un d'eux arrive à la retraite, alors que l'autre ne peut y accéder avant plusieurs années pour des raisons financières, familiales et professionnelles. La perspective est alors bien différente et le projet de la retraite, peut être plus difficile à établir. Particulièrement pour les nouveaux retraités dont le rêve est de voyager et de voguer vers d'autres cieux, une telle situation familiale peut constituer un frein, voire une contrainte dans la réalisation de leurs désirs.

Il en est de même pour le couple engagé dans une union récente et ayant de jeunes enfants. Des hommes sont à la fois grands-pères, de nouveau pères et déjà à la retraite. De tels décalages dans les calendriers peuvent provoquer des conflits et exiger une articulation plus complexe de toutes les dimensions qui entrent en ligne de compte avec la venue de la retraite. Cela ne signifie pas d'emblée des difficultés, mais requiert un ajustement plus important. Aussi est-il préférable d'en évaluer préalablement l'impact et de ne pas minimiser les changements qui s'annoncent.

## LE RÔLE DE GRAND-PARENT

Le rôle de grand-père ou de grand-mère est bien différent, surtout lorsqu'il ne représente pas une surcharge de responsabilités. De façon générale, ce rôle est vu comme agréable, gratifiant, comblant. Il s'inscrit dans une continuité ; il est le prolongement de la famille. Il ne s'agit cependant pas de se substituer aux parents de l'enfant. Tout en étant proche, il y a une distance à tenir. Les grands-parents se montrent habituellement disponibles pour le gardiennage, mais il faut aussi savoir poser des limites. Et puis tous ne disposent pas du même temps, de la même énergie et des mêmes habiletés. Certains se laissent trop facilement envahir et ne s'autorisent jamais à refuser. Il faut savoir déterminer ce que l'on souhaite comme rythme des rencontres et des périodes de garde et ne pas se retrouver indûment dans la situation de devoir continuellement rendre service. Ce qui ne veut pas dire de n'apporter aucun support aux jeunes parents. Nous avons tous en tête quelques exemples de grands-parents retraités qui ne démontrent aucune ouverture en ce sens et qui ne veulent en rien modifier leurs habitudes, leur vie tranquille ou trépidante. À l'inverse, ce sont parfois les enfants adultes, maintenant parents, qui ne comptent que sur leurs parents pour obtenir une aide quelconque. Bien sûr, tout est question d'équilibre et de dosage.

On se rappelle encore ces tristes cas d'abus de la part de jeunes mères réclamant à leurs beaux-parents la pension que le père de l'enfant ne pouvait ou ne voulait pas leur donner. À la suite de l'indignation et de la pression de la part de certains groupes de retraités, la loi a dû être modifiée afin de dissuader des parents de se prévaloir de façon outrancière de ce droit. D'une façon générale, les grands-parents, quand ils en ont la capacité, fournissent l'aide nécessaire lorsqu'ils ont des enfants et des petits-enfants dans le besoin. Des recherches sur les relations intergénérationnelles font de plus en plus état du support qu'apportent les ascendants vers les descendants[27]. Cette aide plus réciproque qu'on ne le croyait se fait malgré tout davantage des grands-parents vers les enfants adultes et les petits-enfants. Quand il s'agit de dons ou de prêts d'argent, cela provient même des arrière-grands-parents. Particulièrement en ce qui concerne les questions d'argent, il est assez rare que la génération intermédiaire, celle entre les jeunes et les aînés, se voie dans l'obligation de devoir verser une pension à ses vieux parents et cela, même si ces derniers n'ont pas nécessairement

---

27. Claudine Attias-Donfut. « Solidarités invisibles entre générations », *Projet. La retraite dans le désordre,* n° 249, 1997, p. 45-54.

de gros revenus. Il est à souligner que les transferts de biens et de services se pratiquent sur une base intergénérationnelle, mais avec une prédominance de la part de la génération intermédiaire, celle de Paul et d'Hélène, coincés entre leurs propres parents, leurs enfants et leurs petits-enfants.

Sur un autre plan, les grands-parents sont conscients de l'importance du rôle qu'ils peuvent exercer auprès de leurs petits-enfants et ce, dans diverses situations. Entre autres, dans les cas de séparation des parents, ils assurent un lien et apportent soutien et réconfort. Comme l'entière responsabilité de l'éducation ne repose pas sur eux, ils peuvent développer des rapports harmonieux. Aline a soulevé cet aspect de son rôle de grand-mère. Ayant eu à vivre le divorce de quelques-uns de ses enfants, elle s'est rendu compte qu'elle est alors devenue le pilier de la famille élargie, le point de référence et la confidente de ses petits-enfants. Elle facilitait les échanges et dispensait l'affection. Malheureusement, il y a des circonstances où le divorce des parents entraîne une rupture avec les grands-parents du côté maternel ou paternel. De plus en plus, ces derniers ont à composer avec la réalité de perdre un beau-fils ou une belle-fille et, par le fait même, de voir les rencontres avec les petits-enfants s'espacer. Ils peuvent aussi se trouver dans la situation de devoir partager ce rôle avec plusieurs autres figures de grands-parents, les petits-enfants ayant parfois trois ou quatre grands-mères ou grands-pères.

Pour certains grands-parents, se rapprocher de leurs petits-enfants leur donne l'occasion de revivre ce qu'ils ont expérimenté avec leurs propres enfants en améliorant la relation. Pour quelques-uns c'est même l'occasion d'une réparation. Pendant l'enfance de leurs enfants, pris par toutes leurs responsabilités, ils n'ont pu toujours être présents. Le rôle de grand-parent leur permet de se reprendre en étant attentifs et à l'écoute de leurs petits-enfants. Il est assez courant d'entendre, par exemple des grands-pères, confier qu'ils sont passés à côté de l'éducation de leurs enfants parce qu'ils étaient trop absorbés par leur carrière. Ils en profitent maintenant pour rattraper ces moments perdus. Enfin, il appartient à chacun, selon ses disponibilités et ses désirs, d'établir le mode de fonctionnement de ses rapports avec les enfants et les petits-enfants. De plus, les grands-parents désireux de jouer ce rôle d'une manière plus intensive peuvent l'exercer auprès d'enfants qui, pour toutes sortes de raisons, sont éloignés de leurs grands-parents. Il existe des associations qui permettent d'établir ces liens, comme celles des grands-parents caresses ou tendresse dans diverses régions du Québec. Il existe aussi des groupes de grands-parents qui assurent une aide auprès de familles et d'enfants qui présentent différents types de difficultés, comme le réseau Entraide-Grands-Parents ou encore la Maison des grands-parents de Villeray.

## LES RESPONSABILITÉS
## ENVERS LES PARENTS ÂGÉS

Des retraités de la génération actuelle, surtout ceux qui sont dans la cinquantaine ou la soixantaine, ont encore un ou même deux parents vivants. Si la longévité humaine constitue l'un des phénomènes extraordinaires du xx$^e$ siècle, s'impose en contrepartie la possibilité d'une diminution des capacités physiques, psychologiques et cognitives. Les personnes qui atteignent un âge avancé et qui ont une santé chancelante peuvent représenter une lourde tâche pour les proches qui en ont la charge. Cette réalité toujours plus présente ajoute des responsabilités aux enfants eux-mêmes vieillissants. On a d'ailleurs qualifié de «génération pivot» ou de «génération sandwich» celle qui se retrouve dans la situation de devoir supporter toutes les autres générations, celle des ascendants comme celle des descendants.

Il s'agit là d'un autre élément important à considérer lorsque pointe l'heure de la retraite. Après avoir quitté le monde du travail, il faut se demander si le projet que l'on souhaite mettre en œuvre ne vient pas interférer avec ce type de responsabilités. Si tel est le cas, il faudra définir un aménagement qui puisse convenir à sa propre situation. Actuellement, deux générations de retraités coexistent, mais si elles en ont toutes deux le statut, bien d'autres traits les distinguent. Il faut donc être au clair sur l'organisation de sa vie conjugale, familiale et sociale avec, à l'horizon, cette nouvelle donne qui suppose de tenir compte de la génération des retraités très âgés.

Dans les circonstances où un couple, mais surtout la femme, a à soutenir un parent depuis quelques années et que l'un ou l'autre des membres du couple arrive à la retraite, il faut discuter de ce point et ce, encore davantage s'il y a cohabitation. La présence de la mère ou du père âgé peut gêner le couple et même en briser la relation. Tout dépend évidemment de la personnalité du parent et de celle de la fille ou du fils. Il y a des cas où avec le grand âge, le caractère de certaines personnes s'aigrit et cela accentue les tensions entre les membres de la famille. À d'autres moments, la fille est prise entre sa mère et son conjoint. Cherchant à répondre aux besoins de chacun, elle s'épuise. Elle ne parvient pas toujours à trouver le soutien requis auprès de son mari, de ses enfants, ou de ses frères et sœurs. Bien qu'il existe des groupes d'entraide, ils sont encore trop peu nombreux pour répondre à une demande sans cesse grandissante. La femme porte alors seule cette charge. À ce chapitre, il y a parfois des histoires dramatiques qui provoquent des dissensions familiales.

Bien sûr, les formes d'assistance à l'endroit des parents âgés sont assez diversifiées et vont de l'appui occasionnel à l'appui intensif. D'ailleurs, quand une personne âgée éprouve des problèmes de santé ou autres, c'est d'abord le conjoint de celle-ci, s'il est encore vivant, qui apporte le secours le plus important. Viennent ensuite les enfants ou encore les aînés qui s'entraident. Les situations extrêmes, c'est-à-dire celles où une femme doit quotidiennement consacrer quelques heures sinon plusieurs heures à un parent, sont moins répandues. Il arrive cependant que des aidantes optent pour une retraite anticipée afin de s'occuper d'une mère ou d'un père malade. Certaines se retrouvent même dans l'impossibilité de prendre quelques jours de répit par année. D'autres, cependant, diffèrent le moment de se retirer, puisqu'une telle responsabilité entraverait littéralement leurs projets de retraite. Toute l'organisation de la vie peut être menacée. Et la difficulté réside également du côté de la personne en perte d'autonomie qui, anxieuse et dans un état de fragilisation, n'a bien souvent d'autre solution que de s'en remettre entièrement à ses enfants et de leur réclamer davantage de soins et d'affection.

Au cours de la dernière décennie, les recherches sur cette question se sont multipliées. Il ressort que ce problème, je l'ai souligné, repose le plus souvent sur la femme et que cette dernière devient la mère de sa mère. Les rôles sont ainsi inversés. Une étude récente[28] a mis en évidence la qualité des relations entretenues depuis l'enfance entre la mère et la fille comme un facteur permettant d'évaluer le poids de cette charge. Ainsi, lorsqu'au fil du temps, les relations filiales ont été harmonieuses, c'est-à-dire que la fille conserve des bons souvenirs de l'ambiance familiale, celle-ci prend plus aisément la responsabilité de s'occuper de sa mère en phase de déclin. La relation demeure alors gratifiante avec des interactions affectives; la fille ne vit pas cette situation comme un fardeau. Les relations peuvent cependant être difficiles ou conflictuelles si elles ont été pénibles depuis l'enfance ou si des conflits de personnalité entre mère et fille ont existé. Arrivées à cette étape, les filles vivent comme un poids le fait de devoir davantage prendre soin de leur mère. Elles excusent les comportements du passé, mais les relations restent empreintes d'un malaise, car un fossé s'est creusé. Un dernier groupe rassemble des femmes qui entretiennent des relations ambivalentes avec leur mère. Dans le passé, les rapports ont été le plus souvent normaux, mais avec le grand âge et l'apparition de signes de dépendance et de détérioration, les échanges se compliquent. Les filles peuvent ressentir de la culpabilité, de l'irritation, de l'épuisement devant l'état de dégradation du parent âgé.

La mère de Paul vit dans une résidence pour personnes retraitées autonomes ou en légère perte d'autonomie. Son état commence toutefois à inquiéter ses proches. Quelques indices

---

28. Marie-Marthe T. Brault. *Mères et filles au bout de la vie,* Sainte-Foy, Presses de l'Université Laval et Institut québécois de recherche sur la culture, 1998.

annoncent l'apparition de la démence. Il lui arrive de sauter des repas, d'oublier de prendre ses médicaments ; sa tenue vestimentaire est quelquefois négligée, son humeur est changeante et elle s'imagine qu'on lui vole son argent ou ses bijoux. Elle ne sait plus trop où elle en est dans l'administration de ses affaires. S'ajoutent à cela une acuité auditive réduite, des problèmes d'arthrite toujours plus aigus et toutes sortes d'autres petits ennuis qui risquent de s'accentuer au fil des ans.

Hélène et la sœur de Paul veillent à son bien-être. Elles font des visites régulières. Chacune leur tour, elles s'occupent des courses, l'accompagnent chez le médecin, la distraient, la réconfortent du mieux qu'elles le peuvent. Depuis sa retraite, Paul essaie de lui rendre visite plus fréquemment et il administre ses biens. Il n'assume pas la plus grande part de la charge, mais il s'efforce d'être plus attentif. Bientôt, il faudra penser à un autre lieu d'hébergement où des soins appropriés lui seront dispensés. Toute la famille appréhende ce moment.

En ce qui concerne la situation familiale d'Hélène, son père est décédé depuis cinq ans, mais sa mère vit toujours. Cette dernière est en parfaite santé et vaque à diverses occupations. Elle est entourée non seulement de sa famille, mais elle possède un réseau d'amis assez étendu. Elle ne s'ennuie pas et ne compte pas uniquement sur ses quatre filles pour la distraire. On ne sait ce que lui réserve l'avenir, mais Hélène ne sera pas seule à répondre aux besoins de sa mère ; entre elle et ses sœurs règne une bonne entente. Si actuellement, la santé des mères d'Hélène et de Paul ne présente pas de complications au point d'accabler l'existence quotidienne, il reste que l'état de la mère de Paul est préoccupant et que, tôt ou tard, le couple aura à affronter les soucis liés au grand âge.

## L'AMÉNAGEMENT DE L'ESPACE

D'autres aspects doivent être considérés au moment de la prise de la retraite. Aussi, avant de clore ce chapitre, un dernier point retient mon attention : celui de l'habitation et de l'aménagement de l'espace. Un peu plus haut, j'ai mentionné la difficulté des personnes nouvellement retraitées et de leur conjoint à devoir partager quotidiennement l'espace de la maison. Si cet aspect renvoie à la planification de l'horaire en fonction des activités de chacun et à la répartition des tâches ménagères, il renvoie également à l'aménagement de l'espace.

Il est assez fréquent d'entendre des femmes et des hommes dire qu'une fois à la retraite, ils vont emménager ailleurs. Pour certains, c'est la maison de campagne ou le chalet qu'on souhaite transformer pour pouvoir l'habiter toute l'année. Pour d'autres, c'est un retour vers leur région natale. Pour d'autres encore, c'est la vente de la résidence principale qui est envisagée et, par la suite, l'installation dans un condominium. On allègue que l'espace de sa demeure actuelle est inutilement grand et exige trop d'entretien. Pendant que les uns veulent à tout prix un déplacement, les autres préfèrent continuer de profiter de la maison qui les abrite depuis nombre d'années. Cette maison a vu naître et grandir leurs enfants, elle est le symbole d'événements heureux et moins heureux, bref, elle est imprégnée d'histoire et d'émotions. Ces couples opteront plutôt pour des travaux de rénovation. C'est d'ailleurs ce qu'ont fait de nombreux retraités du Programme de départ volontaire à la retraite de 1997; plus d'un sur quatre a rénové sa maison au cours de la première année[29]. En fait, il n'est pas rare d'éprouver un désir de changement de lieu lorsque sonne l'heure de la retraite. Certains restreignent cet espace, alors que d'autres l'augmentent.

Peut-être qu'en cette matière il convient de ne pas agir spontanément et de prendre le temps nécessaire pour évaluer cette question en pensant à plus long terme. Réduire trop vite l'espace peut amener à regretter de s'être débarrassé de la maison qu'on a habitée pendant plusieurs années. Las de l'entretenir, on se hâte de s'en départir afin d'utiliser son temps autrement. Parfois l'environnement n'est plus approprié ou ne plaît plus. Malgré

---

29. M. Dorion, C. Fleury et D. P. Leclerc, ouvrage cité, 1998, VI.

tout, il vaut mieux apprivoiser d'abord le nouveau rythme de vie avant de choisir de déménager. Après avoir fait ce saut, il est possible de déplorer le changement de milieu, de manquer d'un espace suffisant pour héberger les enfants ou la parenté de l'extérieur, de ressentir l'ennui de ne plus pouvoir jardiner, etc. Ce qui hier représentait une corvée n'en serait plus une, puisqu'on dispose maintenant de tout son temps. Bien sûr, les besoins diffèrent selon les individus. Ainsi, certains comprendront tout à coup l'importance d'avoir une pièce ou un coin bien à eux dans la maison pour s'adonner à une activité personnelle. Ce qui peut être rendu impossible avec un espace restreint.

Isabelle a vécu la transition à la retraite sans trop se blesser. Son temps était bien rempli. Elle avait réussi à maintenir sa participation à quelques comités; elle aimait les activités qui l'occupaient et elle avait un réseau d'amis étendu. Une seule ombre apparaissait. Isabelle était célibataire et elle avait toujours habité la maison de ses parents. Après leur décès, elle s'est trouvée très seule et la maison lui a semblé encore plus grande. Elle a alors proposé à l'un de ses frères de s'y installer avec sa famille. Isabelle cohabitait avec eux et elle était heureuse de cet arrangement. Mais lorsqu'elle a pris sa retraite, sa famille lui a suggéré d'aménager un petit appartement à l'étage où elle pourrait désormais habiter et être tranquille et plus à l'aise. Elle a accepté cette proposition, n'y voyant que les aspects positifs. Elle s'est vite rendu compte que cet appartement minuscule ne lui convenait pas du tout, habituée qu'elle était à un espace de vie plus spacieux. De plus, elle tolérait mal la solitude qui prenait des proportions importantes dans ce nouvel environnement. Elle regrettait amèrement d'avoir consenti à ce déplacement. Plus que l'espace, c'était sa place dans la famille qu'elle avait l'impression d'avoir perdue.

Pour Aline, même si, concrètement, la maison où elle est restée pendant plusieurs années avec son époux et ses enfants était trop lourde à supporter à bien des points de vue, son déménagement dans un espace moins grand a entraîné une adaptation supplémentaire. En plus de sa situation de veuvage et de retraite, elle a donc eu à s'habituer à un nouvel environnement, si agréable soit-il.

Pour leur part, Gilles et son épouse Colette, avec l'arrivée de la retraite, se sont empressés de vendre leur propriété. Ils commençaient à ressentir la fatigue, et les besognes d'entretien leur répugnaient. Gilles appréciait surtout le travail intellectuel; il voulait se consacrer à la lecture et à l'écriture, et s'adonner au bénévolat. De son côté, Colette se plaignait constamment de la lourdeur des tâches domestiques; elle voulait ardemment changer de domicile. Elle oubliait que, même dans un appartement exigu, les corvées ménagères n'allaient pas disparaître. Dans ses temps libres, elle dessinait et peignait. Cependant, le couple n'était pas en parfaite harmonie, il n'était pas sur la même longueur d'onde. En abandonnant la maison, Gilles a perdu le sous-sol où il avait établi ses «quartiers généraux», comme il le disait. Il était désormais confiné à une petite pièce qu'assez souvent il devait partager avec sa compagne. Quant à Colette, elle s'est progressivement désintéressée de ses activités artistiques, n'ayant plus d'atelier dans ce logement à l'espace réduit. Finalement, Gilles est tombé malade.

Il arrive que des couples emménagent dans une habitation plus petite, sous prétexte d'obliger leurs jeunes à partir et à se prendre en main. Ce peut être la meilleure solution dans certains cas, mais pour d'autres, ce ne sera pas du tout une bonne affaire. Il faut avant toute chose chercher les motifs qui poussent à prendre de telles décisions et en mesurer l'impact. Si l'unique raison est de forcer les enfants à s'établir hors du foyer d'origine, il y a fort à parier que les parents vont vivre comme une déception et une frustration le fait d'accomplir un pareil geste. Évidemment, il reste la possibilité de revenir en arrière et d'acheter une autre maison, mais cette expérience peut parfois s'avérer coûteuse, faire perdre beaucoup d'argent et dépenser énormément d'énergie.

Il en est de même pour ceux qui rêvent de s'établir à la campagne. Certains retraités seront des plus heureux, mais d'autres se trouveront peut-être très isolés quand l'hiver freinera leurs habitudes de sorties. Faire une heure ou plus de route pour se rendre au cinéma, au concert, à un spectacle, à une rencontre entre amis, et refaire le trajet en fin de soirée peut décourager les plus audacieux. Il est très différent de n'habiter la maison secondaire que durant la belle saison et de s'y installer en permanence. Tout cela dépend du genre de vie que l'on mène. Il faut user de prudence quand on amorce des changements et se demander s'ils s'intègrent harmonieusement avec soi-même et son style de vie. Les transformations s'opposant radicalement à ce qu'on a été ou fait peuvent exiger un effort d'adaptation trop important, sauf si son mode de fonctionnement a toujours été ainsi. De façon générale, à la retraite il ne s'agit pas d'opérer un renversement par rapport à ce qu'on a vécu antérieurement.

Depuis deux décennies, une tendance a pris forme chez les Québécois, celle de passer les longs mois d'hiver en Floride ou quelque part dans le Sud. De nombreux retraités envahissent ces lieux où ils reconstituent un petit Québec et y implantent leurs manières de vivre. Cette alternance entre le nord et le sud représente un idéal pour quelques cohortes de retraités. Ce mode de vie s'est peu à peu établi avec l'avènement du troisième âge et un modèle de retraite axé sur la consommation et le loisir. Pour plusieurs années encore il continuera sans doute d'attirer une certaine proportion de retraités, mais on peut penser que la nouvelle génération et les autres qui suivront d'ici peu vont expérimenter et privilégier d'autres modèles.

Peu importe le choix du lieu de résidence, la campagne ou la ville, le nord ou le sud, la maison ou l'appartement, il reste que le passage à la retraite oblige à l'ajustement d'un ensemble d'éléments reliés à la bonne marche de la vie quotidienne. De plus, d'autres éléments entrent en ligne de compte, par exemple si un aîné habite chez sa fille ou son fils nouvellement retraité ou si de jeunes adultes résident encore avec les parents dont l'un ou les deux sont à la retraite depuis peu. Ainsi, qu'il s'agisse du rangement dans la maison, de l'heure des repas, du choix des émissions de télévision ou de l'utilisation de la voiture (quand il y a un seul téléviseur ou un seul véhicule pour toute la famille), ces détails quotidiens peuvent être la cause de frictions et envenimer passablement le climat familial. Qui plus est, ces aspects de la vie ordinaire prennent des proportions plus grandes quand elles font ressortir des différences marquées dans le système de valeurs des uns et des autres et que les nouveaux retraités traversent une période de questionnement.

L'attribution de fonctions à certaines pièces de la maison et des endroits aménagés en espaces réservés tantôt aux activités personnelles, tantôt aux activités familiales permettent de garder une saine distance et de préserver les relations dans le couple et entre les membres de la famille. Que ce soit pour choisir un coin de lecture, de bricolage, de couture, d'écoute de la musique, ou autre, tous ces points se discutent et se négocient de manière à respecter l'intimité de chacun et à répondre aux besoins de tranquillité, de solitude ou d'échanges.

Par exemple, Paul et Hélène n'envisagent nullement un déménagement, du moins pas dans un avenir immédiat. Au fil des années, ils ont adapté la maison selon les différentes étapes de leur vie. Le sous-sol a été le lieu des enfants au moment de leur adolescence. Il est resté inchangé depuis le départ de leur fils. Leur fille y a toujours sa chambre. Paul s'est aménagé un petit bureau, il s'en sert de façon sporadique. Hélène n'avait toujours pas de pièce pour elle-même, mais elle songe sérieusement à occuper un coin de la maison. Elle s'intéresse de plus en plus aux arrangements floraux et elle souhaite perfectionner davantage cette activité de création lorsqu'elle quittera son emploi. Ce qui d'ailleurs va m'amener à réfléchir avec vous sur les projets possibles à élaborer et sur l'état d'esprit avec lequel aborder le moment de la retraite.

# TROISIÈME PARTIE

---

*La retraite: un temps à soi
et aux autres*

# Chapitre V

# Re-traiter sa vie

La retraite venue, tôt ou tard surgit une interrogation sur l'orientation à donner à ce nouveau temps de la vie. On l'a dit, pour les uns, cette phase de déstabilisation apparaît au lendemain de la prise de la retraite, alors que pour d'autres, c'est au bout de quelques mois, d'un an, parfois même de deux ans après le début de cette étape. Chose certaine, il est assez rare qu'aucune modification n'intervienne sur le plan du sentiment et de la représentation de soi ainsi que sur le plan des rôles et des statuts occupés jusqu'à ce jour. Cette période annonce nécessairement un moment de turbulence plus ou moins long et fort selon les individus, moment au terme duquel un projet s'ébauche et permet de poursuivre sa trajectoire sur la même lancée que celle ayant caractérisé la période de travail, ou sur une autre partiellement ou totalement différente. Il arrive que ce projet soit déjà là, en attente d'être actualisé, qu'il ait été esquissé et précisé longtemps avant de se retirer du marché du travail. Il se peut qu'il ait débuté depuis peu ou depuis plusieurs années avant le passage à la retraite. Il se peut aussi que rien n'apparaisse à l'horizon et ne soit formulé clairement au départ, parce que la retraite est survenue plus vite qu'on ne l'avait imaginé ou que l'on ne s'est jamais arrêté à cette question, la vie étant trop remplie par le travail et les autres responsabilités.

Certains préfèrent ne pas y penser et attendre d'y être plongé avant d'amorcer une recherche et une réflexion ou bien se laisser bercer au gré du temps et des événements. Bien sûr, se préparer longtemps avant facilite cette transition. Une bonne préparation ne se limite pas à la seule planification financière, quoique cet exercice demeure indispensable pour maintenir le niveau de vie atteint et garantir sa sécurité. Une préparation judicieuse peut commencer par une participation à une session d'informations sur la retraite : cette option est tout à fait profitable et bénéfique. Cependant, sous l'angle des aspects psychosociaux, elle se révèle parfois incomplète, ces aspects n'étant pas toujours explorés à fond. Je fais ici référence à un apprivoisement en profondeur, voire à une appropriation de soi-même et de sa vie ; en d'autres mots, il faut mettre au jour ce qui constitue la trame de son histoire personnelle, familiale et socioprofessionnelle pour en saisir les interrelations. En somme, la recherche incessante sur soi et son environnement amènera une connaissance plus grande permettant de franchir avec succès l'étape vers la retraite. L'approche ou plus encore l'attitude de la personne va permettre d'aborder ce tournant avec quiétude ou non.

Une fois à la retraite, l'attitude établie par rapport au changement du mode de vie sera en quelque sorte un indicateur de réussite ou de difficulté. Dans ce processus, certains éléments capitaux sont sans contredit la poursuite de l'actualisation de son potentiel tout au long des prochaines étapes de même que le maintien de son identité. Pour ce faire, il faut considérer le développement de la personne dans une perspective dynamique et non stagnante.

## UNE VISION DYNAMIQUE
## DE LA CROISSANCE HUMAINE

Mettre à profit ses potentialités signifie au préalable que l'on appréhende l'humain comme un acteur et un sujet, et non comme un objet. Par conséquent, on estime que l'individu continue de développer sa personnalité, et cela même aux étapes avancées de son existence. Contrairement à la croyance populaire associant retraite, vieillesse et déclin, la personne ne stagne pas et ne décline pas aussi automatiquement en prenant de l'âge. Physiquement peut-être, encore que le déclin se fasse sentir de plus en plus tard dans le cycle de vie, mais en regard de son être, la personne continue son évolution. D'après le psychologue L'Écuyer[30], il n'y a pas arrêt, mais poursuite ; à partir d'un « noyau stable », l'individu tente d'intégrer d'autres acquisitions. Ces enquêtes démontrent que la maturité adulte est caractérisée par des fluctuations ; ainsi, la crise qui se produit entre 40 et 50 ans, sans être générale, constitue comme une « plaque tournante » qui annonce le vieillissement ultérieur avec ce qu'il comporte de changements, mais ces modulations viennent s'accrocher au noyau stable.

D'autres chercheurs[31] se sont inspirés d'une approche du vieillissement développée par les psychologues américains Maslow et Rogers pour élaborer leur concept d'actualisation de soi. Ils soutiennent que les personnes d'un âge avancé ont la capacité d'exploiter leur potentiel psychologique et de l'adapter à diverses situations. Leurs recherches, portant davantage sur les individus de plus de 65 ans, montrent qu'actuellement, seulement 10 % de ceux-ci parviennent à un haut degré d'actualisation, mais 50 % mettent en valeur une partie de leurs

---

30. René L'Écuyer. *Le développement du concept de soi de l'enfance à la vieillesse,* Montréal, Presses de l'Université de Montréal, 1994.
31. G. Leclerc et J. Proulx. « Les dynamismes positifs du vieillissement », *Questions de culture. La culture de l'âge,* nº 6, 1984, p. 39-56. Voir aussi Renée Rowan, « Accepter de changer, éviter de vieillir », *Le Devoir,* 16 mai, 1991, p. B1-B2. Cet article fait état d'une recherche menée par Gilbert Leclerc et ses collaborateurs.

possibilités et il semble probable de voir augmenter ce taux dans l'avenir, puisque les conditions des aînés sont appelées à s'améliorer. Ainsi, leur meilleure santé, leur scolarisation et leur revenu plus élevés sont au nombre des facteurs qui modifieront, dans les prochaines décennies, les représentations et les conduites durant cette phase de l'existence. Pour atteindre un développement optimal au cours du troisième âge, la personne doit demeurer active, s'adapter au temps présent, entretenir des relations chaleureuses, mettre ses talents au service d'autrui et maintenir une dimension spirituelle. En un mot, rester en état de croissance et aborder les futures étapes en termes de néguentropie plutôt que d'entropie[32] : tel paraît être le moyen de s'actualiser. Il s'agit en quelque sorte de développer un esprit d'ouverture.

Avant de parvenir véritablement à ce troisième âge, puisque l'arrivée à la retraite s'effectue de plus en plus en deçà de 65 ans, des projets doivent être mis en œuvre pour maintenir au mieux l'actualisation de son potentiel et poursuivre la réalisation de soi. Jusque-là, le travail a peut-être répondu à ce besoin ou encore des activités parallèles au travail ont permis de combler ce désir d'épanouissement légitime chez tout individu. Une fois à la retraite, la recherche de moyens de remplacement s'impose pour continuer son développement, maintenir un sentiment d'utilité et trouver une nouvelle signification grâce à d'autres accomplissements, à moins que les activités entreprises auparavant puissent être conservées et apporter la satisfaction nécessaire.

Dans ce sens, pour compenser les frustrations rencontrées dans son milieu de travail, Hélène, infirmière, s'est mise à fabriquer des assemblages de fleurs ; elle y trouve plaisir et détente. Elle échafaude toutes sortes de plans autour de cette tâche créative : organiser des expositions, donner des cours, développer des procédés, concevoir des décors, etc. Grâce à cette activité

---

32. Le terme néguentropie réfère ici à l'augmentation de son potentiel, alors que l'entropie signifie le contraire, c'est-à-dire une détérioration de son potentiel.

qui la comble, elle prépare sa sortie du monde de la santé. Elle anticipe déjà ce moment. Il y a lieu de penser qu'Hélène abordera cette prochaine étape dans un état d'esprit favorisant une bonne adaptation. Au contraire, Paul, ayant vécu précipitamment ce qu'on appelle la retraite couperet et n'ayant pas prévu d'activités substitutives, a tergiversé pendant plus d'un an avant de rassembler ses énergies et de se lancer dans un projet de consultant. Tout au long de sa vie professionnelle, à part les obligations familiales et la pratique de quelques sports, il ne s'était pas vraiment consacré à autre chose que son travail.

Comme économiste, il a tout de même acquis une expertise dans son domaine. Il ne pouvait mettre de côté toute cette vaste expérience sans envisager d'en faire profiter des groupes de personnes et divers organismes. Ce n'est que vers la fin de sa deuxième année de retraite qu'il a peu à peu précisé les services qu'il pourrait offrir. Le démarrage s'est fait lentement, mais, depuis peu, il commence à avoir quelques contrats. D'autres vont sans doute suivre maintenant qu'il a passé le cap des deux années où il ne pouvait accepter ceux de son ancien employeur. Là, les conditions vont peut-être changer. Comme consultant dans les secteurs public et privé, il pense apporter une aide dans le secteur de l'administration et de la gestion. Paul se refuse cependant à un travail à temps complet et trop exigeant. Il ne veut pas travailler plus de 15 à 20 heures par semaine. Pas question pour lui de se retrouver dans un contexte semblable à celui d'avant. Il garde beaucoup de son temps pour les tâches de maison et, de plus en plus, pour les sports : la marche, le vélo, le ski et le club d'entraînement.

En reprenant une activité rémunérée, Paul ne fait pas partie de la majorité des retraités qui se retirent complètement du marché du travail et ne cherchent pas d'emploi. Parmi les retraités de l'État, après deux ans, 70,7 % étaient à la retraite à plein temps[33]. Plusieurs s'adonnaient surtout au bénévolat ou aux loisirs.

---

33. S. Fillion et C. Fortier. «La vie deux ans après la retraite», *Au fil des événements,* vol. 34, n° 28, 29 avril 1999, p. 3.

## LE MOMENT DE PENSER
## ET D'ÉLABORER DES PROJETS

Évidemment, les modèles actuels de retraite sont de plus en plus diversifiés et ils le seront encore davantage dans les années à venir. Des études et des enquêtes présentent d'ailleurs de multiples exemples qui vont de l'inactivité presque totale à une gestion de temps très serrée, parfois même aussi soutenue que durant la vie dite productive. Le moment de déterminer ses intentions peut différer d'une personne à l'autre. Certains entrent dans cette étape en sachant déjà comment leur temps sera aménagé et quels projets seront entrepris. Ils ont depuis longtemps pensé et planifié l'organisation de cette période. À l'occasion, nous rencontrons tous des personnes qui répètent régulièrement: «À la retraite, je ferai ceci ou cela.» Il arrive que ces paroles soient prononcées à la légère, mais parfois, il s'agit de projets sérieux.

Il suffit de se rappeler François, ce professeur d'université, qui tout au long de sa carrière a gardé en réserve des travaux de recherche auxquels il ne pouvait consacrer le temps nécessaire. Devenu retraité, il a pu y mettre ses énergies et y accorder toutes les heures voulues. De plus, il considérait qu'avec l'entrée dans cette autre étape, il devait aller cultiver d'autres petits jardins. Depuis, il apporte son soutien à des jeunes ou des aînés qui vivent des situations difficiles. Grâce à ses compétences humaines et professionnelles, il accompagne, il encourage, il conseille différents groupes d'individus. Il dit tout bonnement qu'après avoir consacré près de 40 ans de sa vie au service des institutions, il est maintenant au service des personnes.

D'autres songent à la retraite seulement quelques années avant de franchir ce cap. À certains moments, c'est consciemment qu'ils se préparent à traverser cette prochaine étape; à d'autres moments, ils ne savent pas que certaines de leurs activités (récentes ou plus anciennes) seront celles qu'ils privilégieront une fois arrivés à la retraite, tout simplement parce qu'elles ont une résonance positive et qu'elles ont un sens pour eux. Par exemple, au cours de ses 10 dernières années dans l'enseignement, Katie s'est initiée à l'artisanat, à la musique et à la peinture à l'huile. Elle a aussi collaboré à différents comités de sa paroisse et à la société historique de sa région. Comme elle éprouvait de moins en moins d'intérêt et de satisfaction dans le domaine de l'éducation, ses à-côtés ont pris une place toujours plus importante dans sa vie. Elle a profité d'un congé sabbatique pour s'impliquer davantage socialement et investir encore plus dans les arts. Cette année passée à l'écart de son travail lui a fait prendre conscience qu'elle aimait ce mode de vie et les occupations auxquelles elle s'adonnait. C'est après ce congé qu'elle a opté, deux ans plus tard, pour une retraite précoce. Aujourd'hui retraitée, Katie poursuit ce développement personnel et cet engagement social. En plus, elle a certains projets qu'elle souhaite réaliser en collaboration avec son mari, également à la retraite, et d'autres qu'elle compte effectuer seule. Il s'agit, dans le premier cas, de services en comptabilité ou en informatique et dans le second cas, d'une aide à des groupes de femmes en difficulté.

En ce sens la situation d'Isabelle ressemble à celle de Katie, mais à la différence qu'Isabelle a continuellement mené diverses activités artistiques et associatives pendant toute la durée de sa vie professionnelle. Contrairement à Katie, elle n'a pas pris ses engagements parce qu'elle n'était plus heureuse dans son travail. D'ailleurs, Isabelle s'est retirée tard de la vie active et, après avoir accédé à la retraite, ses activités qui représentaient beaucoup plus que des passe-temps ont occupé une grande partie de son temps. Elle a maintenu sa participation à quelques comités dans son milieu de travail et, comme travailleuse sociale, elle a également continué à visiter ses protégés pendant au moins une année. Elle a aussi élargi son champ d'action vers d'autres mouvements (écologique, par exemple), puis projeté de créer une fondation pour les aînés. Bref, elle poursuit ses activités dans des domaines sélectionnés par affection et pour lesquels elle a acquis une expérience et des habiletés.

Enfin, il y a de nombreux retraités, surtout parmi ceux qui ont pris une retraite hâtive, qui ne se sont pas attardés à l'organisation de cette nouvelle étape de la vie. Ce peut être parfois par manque d'intérêt, par déception, ou bien par manque de temps. Chez certains, ce n'est pas une préoccupation majeure. C'est un peu le cas de Paul, pour qui la retraite s'est présentée de façon précipitée. En quelques semaines, il a eu à choisir entre partir ou rester en poste. Puis la question de la retraite était loin de le préoccuper. C'est durant la deuxième année que sa réflexion s'est articulée autour de la nécessité de réaménager son temps pour être mieux dans sa peau et se sentir encore utile.

Pour sa part, Laurent ne s'est nullement arrêté à définir un programme particulier, même si la retraite l'obsédait depuis longtemps et que, à la suite d'un règlement le favorisant, sa décision a été prise près de deux ans avant son départ. L'idée de quitter son travail l'obnubilait. Il avait tellement hâte d'y arriver. Pour lui, c'était presque l'atteinte d'un but, la fin d'une dure période et son heureux aboutissement. Seule cette perspective comptait à ses yeux et le remplissait de bonheur. Les deux premières années, son temps était peu structuré, mais ce sont tout de même les activités parallèles à son emploi qu'il a continué d'exercer une fois retraité. Progressivement, la musique a pris beaucoup plus de place dans son quotidien, mais il se défendait de planifier un horaire strict. Il voulait sauvegarder sa liberté grâce à une organisation temporelle assez souple.

Ce qu'il ressort de ces quelques exemples, c'est le fait que malgré une préparation lointaine, plus récente ou quasi absente, les activités et les projets mis en œuvre à partir de la retraite ou dans les années qui suivent trouvent le plus souvent leur source dans ce qui a été acquis et accompli dans les étapes précédentes. De façon générale, l'apprivoisement de cette nouvelle étape est d'autant facilitée si les personnes ont su ou pu développer des moyens d'expression ou d'action dans le cadre de leur travail ou ailleurs, et qu'elles peuvent poursuivre ces activités sur d'autres bases ou à peu près dans le même sens, une fois arrivées à la retraite. Autrement dit, plus il est possible de maintenir, de récupérer, de remanier, voire de peaufiner des habiletés acquises, meilleures sont les chances d'adaptation et de réussite. «Faire du neuf avec de l'ancien», comme le soulignait François, ou encore, comme l'exprimait un autre retraité, ce qui auparavant était déjà là, c'est-à-dire à la périphérie, arrive au premier plan.

## DE LA VARIÉTÉ DES MODÈLES DE RETRAITE

Une fois la transition de cette étape effectuée, les intentions que l'on formule et le projet que l'on choisit de mettre en œuvre inscrivent la personne dans un mode de vie qui détermine le type de retraite. Au cours des dernières décennies, des recherches ont ainsi décrit divers modèles qui vont de la retraite-repos à de multiples formes de participation sociale. Anne-Marie Guillemard[34], une sociologue française, a mené une vaste enquête auprès des employés d'entreprises industrielles: du simple manœuvre au cadre supérieur. De ses résultats, elle a dégagé six types de retraite: 1) la *retraite-retrait* caractérisée par l'exclusion de la société, l'individu vit au rythme biologique; 2) la *retraite troisième-âge* qualifiée par le passage d'une activité productrice définie à une nouvelle forme d'activité créatrice reconnue socialement; 3) la *retraite-famille* marquée par le repli sur la famille; 4) la *retraite-loisir* centrée sur la consommation de masse: spectacles, voyages, vacances, etc.; 5) la *retraite-revendication* qui se traduit par le refus de la place faite à la personne âgée dans la société, où le retraité participe à des associations; 6) la *retraite-participation* où l'individu s'adonne à la consommation intense des médias: journaux, télévision, etc.

D'autres à sa suite ont mis au point des modèles parfois semblables, parfois différents. Certains sont en voie de disparition ou sont reportés à un âge très avancé du cycle de vie. On pense ici à la retraite-retrait ou à la retraite uniquement axée

---

34. Anne-Marie Guillemard. *La retraite: une mort sociale. Sociologie des conduites en situation de retraite*, Paris, Mouton, 1972.

sur la famille. La tendance actuelle progresse vers la retraite-loisir, la retraite-associative ou la « deuxième carrière ». Je reviendrai sur cette dernière expression plus récente tout comme sur la « retraite solidaire » décrite par Alain Villez[35], un auteur français. À part ce modèle, il mentionne d'ailleurs quatre autres modèles : la retraite-repos, la retraite-loisirs, la retraite culturelle et la retraite-solitude. Cette dernière concerne surtout les femmes très âgées, dépendantes, isolées et confinées dans les centres d'hébergement.

Cette variété dans les façons de vivre cette étape modifie passablement notre représentation de la retraite, au point où l'on se demande si, dans certains cas, le terme « retraite » est encore justifié et n'est pas trop étroit tant il renvoie à une multiplicité de situations, au surplus étalée dans le temps. En fait, comme je l'ai souligné plus haut, à partir de la sortie du marché du travail, il reste encore deux, parfois trois étapes de vie à traverser. Ce qui peut vouloir dire qu'une personne est amenée à vivre deux ou trois types de retraite entre 55-60 ans et la fin de sa vie. Elle passera, par exemple, de la retraite-associative ou de loisir à la retraite-famille et à la retraite-repos. Cela peut être vécu successivement, mais parfois différents types de retraite seront vécus simultanément. Il peut être nécessaire de rappeler ici que, dans le cadre de cet ouvrage, il est surtout question du remaniement de son mode vie avec l'arrivée dans cette étape de l'après-travail. Il s'agit donc de la première étape d'un long processus.

Enfin, si l'on ajoute aux formes actuelles de retraite la classe sociale d'appartenance, d'autres modèles ou du moins d'autres perceptions apparaîtront, oscillant parfois entre une vision catastrophique ou euphorique de la retraite. Il faut bien le reconnaître, l'expérience de cette période n'est pas la même pour tous et varie selon les groupes sociaux. Par exemple, certaines catégories de travailleurs manuels vieillissent beaucoup

---

35. Alain Villez. « Retraite utile », *Projet. La retraite dans le désordre*, n° 249, 1997, p. 57-66.

plus rapidement que d'autres, surtout quand ils ont dû s'astreindre à des tâches harassantes pendant de nombreuses années. Les inégalités rencontrées tout au long du parcours de travail persistent une fois sorti de ce milieu. Lorsque viendra la retraite, ces personnes usées physiquement auront probablement des aspirations davantage centrées sur le repos et la vie privée. Enfin, la manière d'aborder l'entrée dans la retraite et, par la suite, de l'organiser, est influencée par le passé de la personne, en somme par toutes les phases qui ont précédé.

Une étude sur le passage à la retraite[36] a d'ailleurs mis en évidence deux modèles qui tirent leur explication d'une analyse des étapes du parcours professionnel. De ces récits de retraités, il est ressorti des parcours continus, mais comportant quelquefois des détours et traçant une ligne sinueuse, ou encore des parcours marqués par un accident ou une brisure importante. Ces trajets continus ou scindés ont des répercussions lors de l'étape de l'après-travail, c'est-à-dire qu'ils orientent et déterminent un modèle de retraite vers la continuité ou l'inversion. De quoi s'agit-il exactement et à quoi se résument ces parcours dans la continuité ou l'inversion? Le premier renvoie à la situation d'une personne qui réussit à garder un fil conducteur à ses objectifs élaborés depuis la jeunesse jusqu'à l'étape actuelle, et lorsque les compétences acquises peuvent être mises à profit une fois à la retraite. Ces conditions préservent l'identité, facilitent une meilleure adaptation, permettent de trouver une utilité et un sens à cette étape et ce, même par-delà une période temporaire de déstabilisation.

Les individus dont le parcours présente une continuité entre le passé et le présent semblent parvenir plus aisément à construire un projet de retraite et à s'intégrer socialement. Cela ne signifie pas que leur trajectoire de vie et de carrière ait toujours été en ligne droite, sans détour ni sinuosité, mais cela suppose la durée des objectifs de départ, malgré les obstacles inhérents à la vie. En fait, ce qui se joue réfère à la question de l'identité. Celle-ci se forme, entre autres, avec l'élaboration et

36. Lucie Mercier, ouvrage cité, 1993.

l'actualisation d'un objectif de vie. Le maintien de cet objectif assure une continuité et donne un sentiment de permanence. La personne acquiert son identité dans la construction d'un principe organisateur qui lui sert en quelque sorte de guide dans la gouverne de son existence. Au fil du temps qui s'écoule, cela se réalise quand la personne ajuste ses motivations intrinsèques au contenu social. Autrement dit, elle harmonise ses désirs intérieurs au contexte social et culturel dans lequel elle vit.

Isabelle, dont on a déjà présenté quelques fragments de l'histoire, constitue un bel exemple où la dimension de la continuité se retrouve dans le parcours et cela, même si elle a fait un long détour avant de se relier à son objectif de départ. Très tôt dans sa vie, cette femme a manifesté un intérêt pour le service social. Mais à l'époque de la jeunesse d'Isabelle, les programmes d'études dans ce domaine n'étaient pas encore répandus. Au moment où Isabelle aurait pu suivre une formation dans cette discipline, les femmes étaient peu nombreuses à fréquenter l'université. De plus, il aurait fallu qu'elle consente à s'éloigner de son domicile. Elle a donc remplacé cet itinéraire scolaire par une importante contribution dans des mouvements ou associations de type humanitaire et caritatif. Dans sa famille, auprès des siens comme dans sa communauté paroissiale, Isabelle apportait son aide de différentes façons.

C'est cependant dans le commerce que pendant une bonne dizaine d'années elle a gagné sa vie et s'est taillé une place. Curieusement, au moment où elle a ouvert un magasin avec une parente, elle a entrepris des démarches pour poursuivre des études en travail social. Malgré une réponse affirmative quant à son admission dans ce programme, elle a décliné l'invitation et est demeurée dans l'entreprise. Durant toute cette période, elle est restée active dans une forme de bénévolat qui s'apparentait à celle de relation d'aide.

Un jour, la rencontre d'une personne influente de son milieu s'est avérée déterminante pour la suite de son parcours. Cette personne lui a fait remarquer qu'avec toute l'expérience accumulée, elle ferait probablement une excellente travailleuse sociale. Isabelle a prétexté qu'elle n'avait pas les qualifications requises pour ce genre de tâche, mais elle s'est fait répondre que, dans ce secteur d'activité, il existait des emplois disponibles n'exigeant pas de formation spécifique. Il n'en fallait pas plus pour qu'Isabelle se décide enfin à frapper aux portes et commence à œuvrer dans ce domaine. Elle était à ce moment près de la quarantaine. Pendant ces années de travail, elle a eu la chance de faire ses études en service social. Isabelle a été très heureuse dans ce champ professionnel et y est demeurée jusqu'à son départ pour la retraite. Une fois retirée, comme on l'a vu plus haut, elle s'est tournée vers des activités se situant dans la ligne de ses compétences professionnelles de même que vers des occupations artistiques qu'elle avait toujours maintenues depuis sa jeunesse. Ce qu'elle a construit dans le passé lui sert aujourd'hui.

Le second modèle caractérisé par l'inversion laisse voir des parcours de personnes ayant vécu une rupture à la suite d'un événement perturbateur et désorganisateur qui finit par affecter le sentiment de permanence, donc l'identité. Les trajectoires désignées par l'inversion présentent un changement de direction au moment de la retraite, parfois même avant. En considérant les étapes précédentes, le revirement peut être total ou partiel. C'est ainsi que les liens entre le passé et le présent s'amenuisent, pour ne pas dire qu'ils disparaissent et traduisent l'insatisfaction ressentie au cours des dernières années sur le marché du travail. Il peut s'agir d'individus qui, au départ, ont une conscience assez claire de l'orientation à donner à leur vie. Pendant un moment ils parviennent à concrétiser leurs objectifs. Toutefois, à une étape de leur parcours professionnel, un accident s'est produit et a provoqué une profonde rupture. Cet accident peut être une dépression causée par l'épuisement, une maladie quelconque, une déqualification, un licenciement, etc. La blessure étant trop grande, il devient quasi impossible pour la personne de surmonter cette épreuve, de repartir sur les mêmes pistes et de recoller les morceaux. C'est pourquoi elle amorce un changement radical et s'éloigne de ses premières options. Les retombées de ce virage ne sont pas a fortiori négatives. Une telle situation peut cependant compliquer l'adaptation aux étapes subséquentes. La personne doit apprendre à vivre avec cette déception ; elle a un certain travail de deuil à faire avant de s'engager sur une autre voie. Elle a à développer d'autres stratégies.

À cet égard, l'histoire de Jean est fort révélatrice. Vers la fin de sa carrière, à la suite d'une absence prolongée en raison d'un burnout, Jean n'a pu retrouver son élan initial. Il se sentait tel un naufragé dans son environnement de travail qu'il avait du mal à reconnaître. Dans les circonstances, étant donné qu'il approchait de la soixantaine, il a vite pensé à la retraite comme la solution appropriée pour se sortir de l'impasse et garder la tête haute. Se retirer a été pour lui une stratégie de contournement lui permettant d'échapper à une situation rendue insoutenable.

On s'en souvient, aussitôt à la retraite, Jean a délaissé promptement toutes les tâches qui le ramenaient vers celles d'hier. Au lieu d'une retraite fondée sur les acquis antérieurs, il a plutôt cherché à les écarter. C'est ainsi qu'il a complètement changé de milieu, quittant la ville pour la campagne. Il a également abandonné la vie culturelle et intellectuelle qui était sienne depuis plus de 30 ans pour une existence désormais consacrée au jardinage et à l'agriculture. Il a même jeté de nombreux livres. Il ne souhaitait aucunement s'adonner à des activités qui ressemblaient à ses engagements passés. Jean a effectué un passage à la retraite tout à fait à l'opposé de son trajet professionnel. Il a délibérément choisi une retraite-inversion, comparativement à son mode de vie antérieur, ce qui a ajouté une difficulté plus grande dans le processus d'adaptation à cette nouvelle phase.

Quitter le monde du travail sur une note discordante laisse le plus souvent un goût amer. Il faut du temps pour se défaire de cette rancœur logée au fond de soi-même. Certains y arrivent avec plus ou moins de facilité, mais d'autres demeurent dans un état de désillusion et conservent indéfiniment une sorte de ressentiment. Jean, malgré cette épreuve et le revirement qui en est résulté, a fini par retrouver la paix et éprouver du plaisir dans ses nouvelles occupations. Il lui a fallu du temps et le support de sa conjointe.

Enfin, il ne faudrait pas généraliser et croire à l'existence de ces deux seuls modèles, la retraite-continuité et la retraite-inversion, de même qu'à la nécessité d'être à tout prix dans une continuité d'objectifs et de projets pour réussir sans problème ce tournant de la vie. Il faut savoir nuancer, la réalité étant beaucoup plus complexe et les variations à l'intérieur d'un même modèle, infinies. Autant d'individus, autant d'histoires singulières. Les exemples décrits ici représentent des cas typiques qui permettent de saisir les mécanismes en jeu, de mieux comprendre la dynamique à l'œuvre dans une situation de transition à la retraite. De plus, il ne faut pas oublier que les enjeux en question se déploient dans un contexte de mutation importante sur le plan socioéconomique, dans un environnement où règne l'incertitude.

Chaque exemple, même s'il est unique, s'inscrit dans un univers pluriel. Les parcours de vie sont changeants, ils comptent plusieurs étapes et les points de référence qui jadis rassemblaient les groupes et les individus, selon l'âge, deviennent de plus en plus flous. Aussi, au-delà de la diversité des cas, ce qui importe pour la personne impliquée dans ce changement d'étape, ce n'est pas tant l'histoire de telle femme ou de tel homme. C'est plutôt l'état d'esprit dans lequel accueillir l'histoire de l'autre, pour ensuite mieux comprendre la sienne grâce à un travail de réflexion sur soi afin de découvrir sa propre ligne directrice, trouver ses réponses et élaborer un projet approprié à sa situation. Bref, se mettre dans une disposition qui rend apte à saisir les occasions.

## VERS LA CONSTRUCTION D'UN PROJET

Bien que j'insiste sur la nécessité de concevoir un projet adapté à sa propre condition et ce, en se référant à soi-même et à son histoire, il reste tout à fait justifié de s'inspirer et de s'appuyer sur des exemples pour mieux préciser ses vues et déterminer ses activités de retraite. D'ailleurs, à ce propos, une situation de groupe peut favoriser la compréhension et l'interprétation de son parcours et celui d'autres personnes par la mise en commun des expériences respectives. Cela permet ensuite de déboucher sur un travail de formulation de projet et de redéfinition de sa place. Toutefois, puisque nous ne sommes pas ici dans un contexte de groupe, pour nourrir la réflexion et éclairer les décisions, je m'inspirerai des cas déjà présentés, et d'autres pourront aussi s'ajouter.

Les pages précédentes ont montré l'importance de mettre au jour les éléments qui façonnent la personnalité, autrement dit ce fil qui assure la continuité. Celui-ci a un effet structurant qui permet de préserver l'identité en maintenant l'unité et en sauvegardant les objectifs qui ont donné une signification à l'existence. En parlant de continuité, mon intention n'est pas d'établir un rapprochement avec l'énoncé selon lequel on vieillit comme on a vécu. S'il comporte une part de vérité, il semble freiner toute capacité de renouvellement et de créativité, comme s'il était impossible de changer quoi que ce soit. C'est pourtant bien la recherche de nouvelles possibilités d'action et d'expression que je tente de préconiser.

Nous avons également vu qu'un accident de parcours peut provoquer une rupture qui entraîne ordinairement un changement de cap, un revirement de mode de vie. Cette épreuve n'est pas toujours insurmontable et il est possible de repartir sur d'autres bases. L'identité s'en trouve toutefois déstabilisée. À ce propos, le sociologue Claude Dubar[37] explique qu'à la suite d'une rupture, il devient impossible de se construire une identité d'avenir à l'intérieur de son identité passée, d'où l'obligation de se diriger vers un autre champ de réalisation pour rétablir son identité, comme l'a fait Jean en délaissant la culture universitaire au profit de la culture de la terre.

Après avoir analysé sa situation, repassé les étapes antérieures et obtenu une image plus claire de sa réalité, la personne peut être en mesure de s'orienter vers une retraite axée sur le travail, le bénévolat, le loisir, la famille, etc. Tous ces types de retraite existent actuellement. Parmi les retraités, certains sem-

---

37. Claude Dubar. *La socialisation. Construction des identités sociales et professionnelles,* Paris, Armand Colin, 1991, p. 260-261.

blent avoir trouvé un équilibre et une harmonie dans des projets tirés de leurs expériences et de leurs compétences acquises précédemment. Ce constat est peut-être à mettre en relation avec le contexte sociohistorique dans lequel ils ont évolué. Les personnes qui ont pris leur retraite depuis les années 1980-1990 sont nées en plein développement industriel et urbain. À l'instar de la génération qui les a précédées, elles ont sans doute considéré le travail comme une partie intégrante de leur vie. Le travail était fortement rattaché au destin humain, il en était le pivot. Bien plus, les individus pour qui l'activité productive correspondait à une vocation ou à un travail-passion, adhèrent encore davantage à cette valeur. Pour eux, la distinction entre travail et loisir a toujours été ténue, l'un s'entremêlant à l'autre. Aussi, quand vient l'heure de la retraite, ils prolongent leur vie professionnelle dans des domaines connexes, là où les habiletés de naguère peuvent être mises à profit. Chez des retraités de professions libérales, on trouve d'ailleurs un taux élevé de satisfaction à la retraite quand ils poursuivent une activité liée à leur ancienne profession. À cet effet, on peut citer les artistes pour qui le passage à la retraite est quasi inexistant, vu la continuité. Un peintre cesse-t-il de faire des toiles avec l'âge? Généralement non, à moins d'être atteint d'une incapacité quelconque. Il en est de même pour l'écrivain qui, au contraire, peut intensifier sa pratique de l'écriture à cette période de la vie.

Les artistes et les écrivains sont peut-être une classe à part, mais il y a de nombreux professionnels retraités qui maintiennent, par exemple, une clinique de consultation, ou profitent de ce temps pour donner un nouvel élan à une entreprise ou encore créer des services dans la même branche qu'auparavant. Par exemple, tout au long de sa carrière dans l'enseignement, Luc a développé une pratique psychothérapique. Après avoir quitté ses fonctions de professeur, il a conservé la clinique et y a consacré plus d'heures. L'aménagement actuel de son temps lui permet, outre la consultation, de dégager des plages horaires pour des activités plus personnelles.

Nicole, à la retraite depuis deux ans, est dans des conditions comparables à celles de Luc. Comme elle a œuvré dans le domaine de la santé et des services sociaux, son expertise acquise au fil des ans lui sert dans le développement d'activités proches des anciennes, ce qui l'amène de plus en plus à collaborer avec son ex-employeur et avec d'autres organismes. Nicole s'est toutefois arrêtée pendant un peu plus d'un an avant de se décider à investir de nouveau dans ce domaine bien familier pour elle. Pour sa part, Liette, infirmière de profession, s'est retirée à 51 ans du milieu hospitalier. Quelques mois plus tard, elle ouvrait une agence de soins à domicile. Bien que les débuts n'aient pas été faciles, Liette ne regrette pas ce changement. Elle mène sa propre barque et elle prend plaisir à effectuer son travail dans des conditions moins stressantes; elle peut prendre le temps d'établir de bons contacts avec les personnes rencontrées. Les possibilités de garder des occupations en lien avec celles que l'on détenait antérieurement sont presque infinies. Par exemple, Antoine est ébéniste. Il a toujours aimé son métier et cela malgré des conditions d'emploi souvent difficiles. Dans ses temps libres, il continuait de travailler le bois, mais à son rythme et selon ce qu'il avait le goût de fabriquer. Aujourd'hui, il travaille à son compte et s'adonne à toutes sortes de bricolages.

Enfin, pendant que des retraités trouvent une signification à leur existence dans des rôles similaires ou proches de ceux d'hier, d'autres privilégient des valeurs différentes et veulent orienter cette période vers plus de liberté. Avec des retraités de plus en plus jeunes, les pratiques se modifient. Force est de constater que certains d'entre eux cherchent d'autres façons de vivre cette étape, plutôt que de réévaluer leurs objectifs à partir des expériences professionnelles. Ces personnes semblent avoir souscrit moins fortement à l'idéologie du travail; elles sont portées à rejeter toute planification et tout projet qui leur paraissent voisins des fonctions occupées dans le passé. Elles tentent d'investir dans des activités distinctes du domaine professionnel et ce, à l'intérieur d'une organisation très souple. Les valeurs de repli sur la vie privée et les pratiques de loisir, avec ce qu'elles sous-tendent (plaisir, liberté, flexibilité, expression de soi), sont particulièrement prisées. Ces retraités ne souhaitent guère prendre des responsabilités dont les règles ressemblent à celles du travail.

Cette attitude, il est possible de la trouver chez des personnes ayant rencontré des difficultés en cours de carrière. Il peut aussi en être autrement, car une portion grandissante de retraités véhiculent des valeurs tournées vers le temps libre. Le malaise qui paraît subsister actuellement réside dans le fait que, si le travail n'a pas toujours apporté la satisfaction escomptée, on ne trouve pas forcément une compensation dans le loisir. Il y a recherche dans ce qui est contraire à l'éthique du travail. Comme la «révolution culturelle du temps libre» dont parle Dumazedier[38] ne fait que commencer à produire ses effets et à modifier les mentalités, une partie de la génération actuelle des retraités n'a peut-être pas encore intériorisé ces façons de voir et de vivre. Elle se trouve dans la situation inconfortable d'un entre-deux, car si l'affirmation de l'identité par le travail tend à diminuer, le temps libre (loisir, expression de soi) ne confère pas encore d'identité équivalente, même s'il peut être l'occasion d'activités inventives et satisfaisantes, à moins de concevoir différemment ce temps libre.

La société d'aujourd'hui n'ayant pas prévu d'itinéraire précis pour cet âge de la vie, sauf peut-être un investissement dans les loisirs, d'autres modèles restent à inventer. D'autant plus que, pour certains retraités, les loisirs à temps plein n'arrivent pas à combler entièrement leur existence et le bénévolat ne semble pas toujours répondre au besoin d'engagement et d'implication désiré. Les solutions à développer se situent quelque part entre le travail et le loisir : du côté d'activités qui, dépouillées d'un certain nombre de contraintes, seraient, en contrepartie, chargées de sens et donneraient un sentiment d'utilité. Les retraités d'aujourd'hui font figure de pionniers. Ils ont sans doute à développer de nouvelles formes d'action et d'expression afin que les rôles sociaux de cette étape de l'existence deviennent producteurs de sens. Il leur revient peut-être

---

38. Joffre Dumazedier. *Révolution culturelle du temps libre, 1968-1988,* Paris, Méridiens Klincksieck, 1988.

d'exercer une influence dans la transformation des représentations et des pratiques de la retraite. Ils commencent d'ailleurs à être plus nombreux à innover et à développer des idées originales. En témoigne le projet d'agence de consultants pour les pays en voie de développement qu'Aline a mis sur pied, et qui consiste à rassembler des personnes retraitées aux compétences diversifiées, désireuses d'offrir des services dans le cadre de courts contrats. Dans cette perspective, Xavier Gaullier[39] souligne que la reconversion se fait de plus en plus vers une utilisation du capital professionnel : les activités mises de l'avant se professionnalisent et sont productives. Toutefois, comme l'affirmait un retraité, la retraite ne doit pas être la continuation exacte de la vie au travail.

Et le loisir, qu'en est-il exactement ? On l'a d'abord défini comme un complément du travail, « l'envers du fonctionnel », un « temps résiduel ». Ce n'est que progressivement, avec une réduction croissante des heures de travail, que l'espace hors du temps contraint a davantage été pris en compte et que sa perception en a été modifiée. Pour Dumazedier cependant, le loisir, « ce n'est pas seulement un temps résiduel, mais aussi un temps existentiel qui plus que tous les autres peut, en fait, avoir une valeur structurante pour tous les autres temps sociaux[40] ». Ce temps libre continue de prendre de l'expansion ; il ne s'agit donc pas d'un phénomène passager. Des enquêtes[41] le confirment et montrent une résistance des travailleurs à augmenter le temps consacré au travail ; ces derniers manifestent un désir d'équilibre entre le temps attribué au travail, à la famille et au loisir. Ce qui n'est pas toujours facile à réaliser quand on sait que depuis les années 1990, les entreprises procèdent à des restructurations, diminuent le personnel et, en conséquence, exigent plus de la part de ceux et celles qui restent en place. « Faire plus avec moins », entend-on régulièrement.

---

39. Xavier Gaullier. *Les temps de la vie. Emploi et retraite,* Paris, Éditions Esprit, 1999, p. 61.
40. Joffre Dumazedier, ouvrage cité, 1988, p. 156-157.
41. Gilles Pronovost. *Sociologie du temps,* ouvrage cité, 1996.

Qu'il s'agisse d'une aspiration ou de la réalité, les individus désirent travailler moins pour pouvoir faire autre chose dans leur vie. Il en est de même pour les travailleurs vieillissants ; ces derniers aspirent de plus en plus à se retirer en deçà de 60 ans. Dans les faits, la plupart des gens travaillent moins d'heures[42] qu'auparavant. Selon un bulletin d'informations publié par une firme de placements, la personne qui, en 1960, avait une longévité moyenne de 68 ans prévoyait passer 50 années au travail. En 1999, les chiffres rapportés sont bien différents : 38 ans de travail et une espérance de vie de 78 ans. Ce qui a changé, c'est le rapport au temps ; les individus se sentent constamment pressés et bousculés. Les temps libres sont davantage dispersés dans la semaine et l'exigence augmente en ce qui concerne la qualité et la diversité des activités de loisir. Enfin, il semble qu'être trop pressé ou avoir trop de temps libre nuirait au bonheur[43]. On reconnaît là toute la problématique actuelle : les travailleurs ne cessent de dénoncer l'empiétement trop grand de leur travail sur les autres temps de la vie, alors que des retraités déplorent ne pouvoir davantage occuper utilement ce temps parce qu'on fait appel à leur expérience encore trop parcimonieusement. La situation est d'ailleurs délicate ; leur retour sur le marché du travail n'est pas toujours bien vu, les retraités étant souvent perçus comme les mieux nantis et prenant la place des chômeurs. Il leur arrive de vivre le même embarras dans leur action bénévole.

Dans ce contexte en mouvance, il n'existe donc pas de solution idéale, mais il revient tout de même à chaque personne de découvrir ce qui lui convient, de se tracer un programme à sa mesure. C'est là un défi exigeant et c'est peut-être pour cette raison que certains s'abandonnent, du moins momentanément, à des occupations spontanées et sans but précis. La nouvelle

42. D'après Dumazedier, en France, vers 1850, les ouvriers travaillaient environ 3500 heures par an, alors qu'aujourd'hui, ils travaillent près de 1500 heures.
43. «Trop de temps libre nuit au bonheur», *Le Soleil*, 2 août 1998, A6. Cet article est un compte rendu de recherches présentées dans le cadre du Congrès mondial de sociologie qui s'est tenu à Montréal à l'été 1998.

liberté, attirante en soi, comporte une part d'angoisse et d'incertitude. À partir de la retraite, le «fais ce que tu voudras» ne semble pas toujours facile à vivre. C'est pourquoi une faible proportion de retraités manifesterait une propension pour la vie de rentier. Cet «art de l'existence», si convoité aujourd'hui, et qui suppose l'expression de soi, dans un temps libre, dans un champ d'action délimité, reste une conquête difficile. Appartient-il aux nouveaux retraités d'en chercher et d'en développer les formes? L'idée d'un «temps à soi» progresserait et, faisant consensus, se développerait à la fois dans le respect des choix individuels et dans un projet de portée sociale.

## PROJETS ET PRATIQUES : QUELQUES AVENUES

Le «temps à soi», qui peut déboucher sur un temps aux autres, couvre cette période de la retraite propice à l'élaboration d'une foule de projets qui s'inspirent de pratiques traditionnelles ou favorisent des pratiques innovatrices. Ce qui importe, même si elles ne sont pas toujours exercées dans un cadre institutionnel, est qu'elles soient non seulement appréciées, mais reconnues à leur réelle valeur. De nombreuses activités s'inscrivent à juste titre dans un «service aux personnes» parce qu'elles revêtent une dimension relationnelle et utilitaire. Dans cette sphère d'aide personnalisée, la demande est forte et le contact humain prévaut sur l'utilisation d'outils techniques et sophistiqués. C'est dire qu'il y a place pour une gamme de services requérant des habiletés très variées, allant du domaine domestique aux domaines qui exigent des compétences plus pointues. D'autres activités relèvent surtout du champ culturel. Régulièrement, les médias diffusent ou publient des témoignages de personnes qui se démarquent par une action originale. Des exemples concernent des retraités qui présentent des projets d'enrichissement personnel ou social.

Charles a exercé des fonctions administratives en milieu gouvernemental pendant toute la durée de sa vie professionnelle. Une fois retraité, il a décidé d'entreprendre des études de philosophie, discipline pour laquelle il a toujours manifesté un grand intérêt. Ses lectures ont toujours porté sur des questions de nature philosophique. Au départ, il visait l'obtention d'un baccalauréat, mais après quelques années, le voilà au doctorat. À l'occasion, il donne aussi des conférences et rédige des articles. Charles aime la réflexion, il aime jongler avec les idées et il a une grande facilité pour assimiler et élaborer des théories. Longtemps avant de prendre sa retraite, il n'aurait pu imaginer un tel projet. Aussi, il lui arrivait de redouter cette étape de vie qu'il ne pouvait envisager avec des tâches sans but. Il a trouvé une réponse appropriée à ses préoccupations et, pour lui, ce temps est merveilleux.

Au lieu de suivre un parcours scolaire classique comme le fait Charles, Élisabeth s'est tournée vers les cours et les ateliers qu'offre l'université à une clientèle de plus de 50 ans. Elle et son conjoint se sont construit un programme à leur mesure. Élisabeth apprécie au plus haut point le contenu, la qualité et le niveau des présentations et les échanges que ces rencontres permettent. C'est pour elle et son mari un lieu de ressourcement. Dans ce sillage se situent les activités qu'effectue Claudine pour un important musée de sa région. Elle est guide, mais elle remplit aussi d'autres tâches connexes dans ce milieu et ailleurs, mais toujours dans le champ culturel.

Robert est statisticien, mais il est également musicien. Il a quitté son travail l'an dernier. Quelques années avant de se retirer, il a repris la pratique de la flûte traversière. Durant sa jeunesse, Robert poursuivait une formation musicale en même temps que des études en mathématiques. Il a bien failli faire carrière comme flûtiste. Finalement, il a obtenu un emploi dans l'autre domaine et y est resté. Il revient maintenant vers cette activité laissée en plan et y trouve la gratification souhaitée.

Les retraités sont nombreux à apporter une contribution sociale. Celle-ci peut se faire par une activité-conseil, rémunérée ou non, mais souvent c'est par les associations volontaires que s'effectue cet apport. Au cours des deux dernières décennies, l'action bénévole s'est particulièrement développée et diversifiée ; le groupe d'âge des 55 ans et plus a notamment accru sa participation et les femmes encore davantage. On évalue entre 30 % et 35 % le pourcentage des aînés qui s'adonnent au bénévolat.

Pierre a fait ses débuts sur le marché du travail dans le monde de l'hôtellerie et de la restauration. Par un concours de circonstances, il a abandonné ce milieu et a fait sa marque dans un autre secteur d'activité. De ses premières expériences, Pierre a conservé le goût de la cuisine et de tout ce qui s'y rattache. Régulièrement, dans ses temps libres, il préparait des repas pour sa famille et ses amis. Il expérimentait des recettes, en inventait à partir de l'inspiration du moment et des aliments qu'il avait sous la main. La retraite venue, Pierre a transformé cette pratique. Son expérience, il en fait profiter un organisme qui vient en aide à des personnes et des familles à faibles revenus. Il leur apprend à confectionner des menus et à préparer des plats avec un budget limité.

La contribution de Roseline est un peu différente. Comme enseignante, elle est entrée précocement à la retraite et, depuis, elle participe encore plus activement qu'auparavant à la politique municipale. En effet, ce n'est pas d'hier que Roseline s'intéresse à l'action sociale et, pour elle, le milieu politique apparaît comme le lieu pour pouvoir exprimer sa vision des choses et faire avancer les causes. Elle est actuellement conseillère de sa ville et, qui sait, peut-être sera-t-elle bientôt candidate à la mairie. Elle a de l'intérêt et tout le dynamisme voulu pour occuper ce type de fonction.

On dénombre également de plus en plus de groupes formés d'entrepreneurs et de professionnels retraités qui œuvrent à titre d'experts-conseils auprès des petites entreprises, ou encore des directeurs d'entreprises de plus grande envergure commencent à retenir les services d'anciens employés. On leur offre alors des missions ou des fonctions particulières. Différents rôles sont expérimentés: celui de médiateur, de mentor, de tuteur, de consultant, de gérant de projet, de coordinateur, etc. En France, Gaullier[44] parle de «deuxième carrière» pour

44. Xavier Gaullier, *La deuxième carrière,* ouvrage cité, 1988, p. 180-181.

désigner les nombreuses expériences qui augmentent sans cesse et qui sont souvent le lot des travailleurs en fin de parcours et des jeunes retraités. « La " deuxième carrière " est faite de multiples activités productives, qu'elles soient rémunérées ou non, déclarées ou non. Certaines sont des emplois de type classique, d'autres des activités bénévoles bien connues, mais toutes se transforment quant à leur contenu et à leur gestion : on n'est pas dans l'emploi type de la première carrière ni dans les loisirs ou occupations du troisième âge. » Bref, il définit la « deuxième carrière » « par l'éclatement du travail salarié et par la professionnalisation du temps libre des retraités. Elle peut être une carrière stable et/ou ascendante, aussi bien qu'une précarité aux multiples visages[45]... » Cette « deuxième carrière » est professionnelle ou extraprofessionnelle, économique, sociale ou culturelle, rémunérée ou bénévole. Ce qui importe, poursuit Gaullier, c'est la cohérence et la continuité dans l'action, la compétence et la qualification, l'orientation vers l'extérieur.

La « retraite solidaire[46] » appartient à cette lignée et s'insère dans des fonctions d'utilité sociale dont les objectifs sont diversifiés. Ainsi, des activités à caractère économique peuvent prendre l'apparence d'une aide à la création d'entreprises ou d'un support lorsque celles-ci sont en difficulté ; des activités de solidarité entre les générations renvoient, entre autres, à des services de soutien dans le domaine de l'éducation ou de l'insertion en emploi, ou bien encore des activités s'adressent à des groupes défavorisés. Pierre, dont nous venons de parler, s'affilie à ce courant de la retraite solidaire.

On se trouve donc devant un phénomène nouveau. D'une part, il y a tout un secteur d'économie informelle qui se développe et devient de plus en plus visible et, d'autre part, il y a toute une prolifération d'emplois atypiques et de petits boulots qui, depuis les années 1990 notamment, ne sont plus seulement occupés par les jeunes, mais aussi par les travailleurs âgés. Ces emplois aux caractéristiques des plus disparates sont loin d'être

---

45. Xavier Gaullier, ouvrage cité, 1999, p. 54.
46. Alain Villez, ouvrage cité, 1997, p. 64.

toujours avantageux. Aussi, les personnes en fin de parcours professionnel qui les expérimentent sont souvent poussées plus tôt que prévu vers la retraite, ce qui en entraîne bon nombre dans une situation financière très précaire. Ces conditions de sortie d'activité ne facilitent guère l'adaptation à l'étape suivante. L'histoire de Julien en est un exemple.

À la suite de la fermeture de l'entreprise pour laquelle il travaillait depuis 25 ans, Julien a été licencié. C'était en 1991. Il avait 49 ans. Julien rêvait déjà d'une retraite à 55 ans. Les voyages de pêche, de chasse, voilà entre autres à quoi il avait hâte. La vie en a décidé autrement. Julien a commencé à travailler très tôt, à 17 ans. Il n'avait pas fait d'études au-delà du secondaire. Le travail lui pesait de plus en plus. Le rythme était fatigant et les tâches étaient répétitives. Au lendemain de la perte de son emploi, il n'était pas trop inquiet. Il a reçu un montant compensatoire. De plus, il avait droit à l'assurance-emploi. Il y avait longtemps qu'il n'avait pas connu une période de chômage. Une seule fois, l'employeur, ayant rencontré des difficultés au moment de la récession économique de 1981, avait fait des mises à pied. Comme Julien comptait parmi les plus anciens, après trois mois, dès que la situation s'était quelque peu rétablie, on l'avait rappelé.

Il s'est vite rendu compte que le contexte n'était plus le même. Devant l'insuccès de ses démarches d'emploi, il a pris un sérieux «coup de vieux». D'abord, les emplois à durée indéterminée se faisaient rares et l'approche de ses 50 ans rendait sa condition encore plus pénible. Il achevait d'épuiser ses prestations d'assurance-emploi quand enfin il a déniché un emploi à temps partiel dans la vente. Ce n'était pas très payant et, de plus, il a découvert qu'il n'avait pas le profil du vendeur. Il a donc laissé cet emploi. De nombreux autres ont suivi, toujours aussi peu avantageux et rémunérateurs. Julien a fini par abandonner la recherche d'emploi. Aujourd'hui, il se considère un peu à la retraite, mais pas tout à fait. Il n'a pas encore 60 ans et, par conséquent, n'est pas admissible aux régimes de pension des gouvernements provincial et fédéral. Julien ne détient pas de fonds de retraite de son employeur. Depuis cette épreuve, il s'appauvrit. Par moments, il désespère et est plutôt déprimé. Seul élément positif, Julien n'est pas seul pour affronter cette épreuve; il bénéficie du support moral et financier de sa conjointe. Le couple et toute la famille ont désormais à composer avec cette situation.

Les sorties prématurées d'activité ou encore les conditions de travail autres que celles de l'emploi stable ne mènent pas fatalement à la précarité économique et les conséquences ne sont pas que négatives. La réalité montre des exemples fort variés. Notamment aux États-Unis, il se développe ce qu'on appelle les *bridge jobs*. Il s'agit d'emplois passerelles qui suivent l'emploi stable de longue durée jusqu'à l'entrée dans la «vraie retraite». Ces formes d'emplois ou plutôt d'aménagements se répandent de plus en plus. Même si elles sont assez souvent imposées, il arrive que certains les négocient et les choisissent. Surtout quand elles peuvent donner la possibilité de passer progressivement à la retraite au lieu de subir le choc d'une retraite couperet.

Les aménagements du temps de travail se diversifient: temps partiel, temps partagé, horaires flexibles, contrats à durée déterminée et autres; la réflexion se poursuit et la retraite partielle ou progressive trace son chemin. De nombreux travailleurs en fin de parcours professionnel désirent voir s'alléger leur charge plutôt que de partir abruptement, surtout quand ils n'ont qu'une vague idée de la façon dont ils occuperont leur temps. De plus, cette option peut s'avérer intéressante du point de vue économique: les cotisations au régime de retraite peuvent être maintenues pendant que l'on peut commencer à en percevoir une partie. Cela dépend évidemment des situations. Actuellement, les modalités sont pratiquement étudiées au cas par cas.

## VERS UNE CONCEPTION AUTRE DU TRAVAIL ET DE L'ACTIVITÉ

Graduellement, ce sont ces multiples formes d'emplois et d'implication sociale qui prennent le relais. Elles se répandent actuellement à travers les différentes classes d'âge. Avec les phénomènes de mondialisation des marchés et de développement croissant des technologies, les besoins en main-d'œuvre se transforment continuellement. Chose certaine, on obtient une productivité plus grande avec moins d'effectifs, c'est donc dire que le temps libéré sera plus important et ce, pour tous les individus. L'accroissement de nombreuses catégories d'activités oblige d'ores et déjà à une révision et à un élargissement des définitions du travail productif et reconnu, et à revoir le clivage entre actifs et inactifs, travailleurs et retraités. La définition que l'on donne à l'activité est trop étroite et élimine toutes sortes de travaux productifs appartenant à l'économie parallèle. Si la reconnaissance et la légitimation de ce type d'emplois et d'économie constituent un défi pour l'ensemble de la société, peut-être que la classe des jeunes retraités peut y jouer un rôle en exploitant diverses formules.

Pour réaliser un tel objectif, il faut revoir les notions de performance et d'efficacité qui ne doivent pas être définies simplement en fonction de la productivité actuelle. Ces principes auraient avantage à être adaptés aux circonstances, de manière à inclure de nouvelles dimensions et d'autres valeurs. Il est possible de considérer et d'aborder différemment ces modalités de travail, surtout que, dans un proche avenir, les sociétés occidentales et les entreprises auront à composer avec une population active vieillissante. D'ailleurs, on commence à penser à hausser l'âge d'admissibilité à la retraite. Certains pays, comme les États-Unis et le Japon, l'ont déjà fait. De plus, il est de moins en moins certain que le principe d'universalité soit maintenu dans l'ensemble des programmes. Déjà, en 2001, la « prestation aux aînés » accordée par le gouvernement fédéral sera déterminée selon les autres revenus, ceux-ci ne devront pas excéder 51 721 $ annuellement.

En attendant, le nombre de retraités et de préretraités ne cesse d'augmenter et ils sont de plus en plus nombreux à vouloir demeurer actifs. Les motifs qui les poussent à l'action sont variés: bonne santé, désir de se rendre utiles, existence d'emplois moins exigeants physiquement, amélioration de la sécurité financière, etc. Pour répondre à des demandes en ce sens, des firmes se spécialisent dans le recrutement d'un personnel âgé et des employeurs commencent à préciser des fonctions qui pourraient convenir aux employés vieillissants. Cependant, les initiatives du genre restent timides, les emplois disponibles étant rares. Les activités constructives, choisies, consenties, déterminées par la personne elle-même, le temps libre planifié à son rythme, voilà ce qui pourrait être davantage préconisé et valorisé. Faire le lien entre vie publique et vie privée, tel paraît être un vœu partagé par toutes les générations ; la recherche d'une qualité de vie semble prévaloir sur des buts économiques. Les jeunes et les retraités vont peut-être infléchir le mouvement.

## VERS UN CYCLE DE VIE RENOUVELÉ

On ne saurait trop insister sur la nécessité de procéder à une reconversion ou du moins à une redéfinition de ses activités, une fois parvenu à l'étape de la retraite. D'abord à cause de l'allongement de cette période de l'existence, et plus encore parce qu'à l'horizon se profilent d'autres transformations. Il n'est pas sûr que la mise à la retraite anticipée va se perpétuer encore longtemps parce qu'elle représente des coûts économiques et sociaux. Différents scénarios sont actuellement envisagés. Certains continuent de prôner un raccourcissement de la vie professionnelle selon la tendance actuelle, d'autres discutent la possibilité d'une prolongation de la période d'activité rémunérée.

Dans un avenir pas très lointain, ce ne sera probablement pas seulement l'étape de la retraite qu'il faudra repenser, mais bien tout le cycle de vie. Sous cet angle, des changements sont entrevus et souhaités pour éviter que certaines situations ne dégénèrent en conflits intergénérationnels. L'idée d'un décloisonnement des générations et d'un rapprochement des âges ne peut être que bénéfique à tous. Pour cela, il faut concevoir le parcours de l'existence autrement que sur un mode ternaire. Ce trajet à trois temps (formation, travail, retraite) comportait des tâches bien définies selon l'âge et rendait difficiles des retours en arrière. Modèle rigide, il va sans dire, mais qui convenait à une époque d'expansion économique comme celle de l'après-guerre (1945-1975). Le présent contexte force à revoir ce tracé qui, de toute façon, correspond de moins en moins à la réalité. Il continue cependant d'être perçu comme un idéal, les cheminements autres étant considérés comme inhabituels. Pourtant, ces trajectoires constituées d'allers et de retours se multiplient et sont peut-être appelées à devenir la norme. Ainsi, une formation continue ou échelonnée tout au long du cycle de vie, en alternance avec des périodes de travail et des périodes de temps libre, apparaît comme étant le parcours type de l'avenir.

Avec une évolution croissante de la technologie, un individu sera mieux adapté s'il se recycle au fur et à mesure de l'arrivée de nouveaux procédés. Entraîné progressivement à faire face aux différents changements générés par une société hautement technicisée, il vieillira moins vite socialement et ne pourra plus être écarté aussi tôt des lieux dits productifs. Au contraire, son apport risque d'être voulu et encouragé à un moment où les jeunes seront moins nombreux. Par ailleurs, le travailleur plus âgé et ayant constamment renouvelé ses méthodes d'approche verra son expérience davantage considérée. Actuellement, on commence à déplorer cette perte de culture et de mémoire dans les entreprises en raison des départs massifs des employés les plus anciens. On se coupe trop facilement de savoirs qui ne sont pas uniquement techniques. L'exemple récent du départ à la retraite d'un nombre impressionnant d'employés du domaine de la santé a permis de se rendre compte de la perte inestimable d'infirmières expérimentées non remplacées. La situation dans les hôpitaux est devenue si alarmante que le gouvernement les a invitées à revenir au travail. Elles sont cependant très peu nombreuses à avoir répondu à cet appel.

Ainsi, parcours flexible plutôt que parcours linéaire. Cette dimension de flexibilité semble correspondre au courant individualiste contemporain qui privilégie les initiatives personnelles et accepte plus aisément la pluralité des modes de penser et d'agir. Tout n'est pas joué de façon décisive et irréversible

au temps de la jeunesse, car avec la perspective d'un développement incessant durant la vie adulte, et même au cours de la
vieillesse, il y a possibilité constante de changement et de
réajustement. En outre, un effacement progressif de la discri-
mination selon l'âge peut permettre une meilleure utilisation
du potentiel humain. Cela signifie qu'à chacune des étapes de
l'existence, de nouveaux rôles s'ajoutent, que des anciens
sont maintenus ou abandonnés. L'âge seul ne peut plus déterminer ou suggérer l'accessibilité à une fonction sociale ou le
retrait.

Somme toute, au lieu de tâches précises et préétablies
pour chaque moment du cycle de vie, peut-être est-il préférable d'envisager une organisation plus souple autorisant des
allées et venues au gré du temps et des convenances individuelles. Au fil des étapes de la vie, donner à chacun l'occasion de s'intégrer et de se rendre utile socialement : tel est
probablement l'un des projets les plus pertinents. Dans cette
optique, le premier stade de la phase adulte ne mettrait pas
l'accent exclusivement sur la productivité, l'efficacité et le
rendement. Ces dimensions pourraient être mieux réparties
sur la durée entière du parcours de vie et ainsi modifier la pratique parfois abusive d'un retrait de certaines responsabilités
sous prétexte d'une performance réduite à cause de l'âge.

En effet, la société peut-elle se passer d'un nombre gran-
dissant d'individus dotés de compétences et encore capables
d'offrir de multiples services? En fait, le parcours pourrait
désormais comporter plus d'un départ, plus d'une carrière et
permettre alors de re-traiter sa vie à divers moments et pas seulement à la sortie définitive du marché du travail. Un tel modèle
qui s'ouvre sur un horizon en continuel devenir éviterait une
mise à l'écart sociale et assurerait une meilleure actualisation
jusqu'à la dernière phase de l'existence. Un tel modèle admet-
trait une révision épisodique des projets et des réalisations, au
lieu de réserver ce bilan à l'heure de la retraite. Enfin, avec
l'étalement d'activités variées sur une longue période, au
rythme de la personne, le passage à la retraite s'en trouverait
adouci, reporté plus tard dans le cycle de vie. L'étape de

transformation et de détachement graduel de la vie dite active, dorénavant dissociée de la vieillesse, s'inscrirait dans un prolongement du cycle adulte.

Dans cette ligne de pensée, Xavier Gaullier utilise le terme de «pluriactivité[47]» pour décrire cette mutation déjà en cours. Mais au lieu d'une précarité vécue en fin de carrière par un nombre croissant d'individus, ces multiples activités, qui marquent les dernières années de la vie professionnelle et la première étape de la retraite, devraient conduire à un épanouissement humain. Cette «pluriactivité» de plus en plus présente aujourd'hui, mais vécue le plus souvent par les jeunes et les 50-64 ans, devrait s'étendre à tous les groupes d'âges, mais à la condition que des changements majeurs interviennent dans la façon de concevoir et d'organiser le travail et l'ensemble des activités. Tout cela afin que s'établissent de nouveaux rapports entre travail, activités, loisirs, entre différents types de ressources et de revenus, que des lieux intermédiaires se construisent entre l'État et l'individu. Cette conversion impliquerait de redistribuer la richesse, de contrer la fragilité économique, d'assurer un équilibre entre les divers temps de la vie: ceux consacrés à la personne, à la famille, au travail, aux loisirs, et de permettre l'actualisation de soi grâce à diverses formes d'investissement et ce, à toutes les étapes de la vie.

---

47. Xavier Gaullier, ouvrage cité, 1999, p. 229-239.

# CONCLUSION

Depuis l'avènement de la retraite à la fin du siècle dernier, on réalise maintenant mieux l'ampleur des changements intervenus tout au long du XX$^e$ siècle et cette évolution se poursuivra encore. Certaines modifications sont prévisibles et annoncent quelques-uns des scénarios possibles. Ce que Paul et bien d'autres vivent actuellement est circonscrit dans un temps historique particulier ; de telles conditions, c'est-à-dire une retraite anticipée assortie d'une prime de départ attrayante, ne se répéteront sans doute pas dans un avenir rapproché. De telles conditions sont probablement appelées à disparaître plus ou moins définitivement.

À l'origine, le terme « retraite » faisait référence à des considérations économiques ; il signifiait également, pour un nombre restreint d'individus, cette courte période de repos depuis la cessation du travail salarié jusqu'à la fin de l'existence. Philippe, le grand-père de Paul, n'a pas vraiment profité de ce temps au début des années 1930. Il avait été exclu du marché du travail parce qu'épuisé par des tâches trop exigeantes. Il n'avait pu amasser un capital pour assurer ses vieux jours ; de surcroît, il n'avait pas l'âge requis pour toucher la pension de l'État.

Puis, progressivement, ce moment transitoire s'est modifié en une phase qui n'implique plus l'écart, le repli ou le retrait complet de la vie active. René, père de Paul, a connu des jours meilleurs dans les années 1960. Il n'a pas vécu une retraite dans le besoin. Cependant, il est resté tout absorbé par le travail qui l'avait occupé pendant une grande partie de sa vie. Une fois retraité, il s'est senti vieux et bien désœuvré. Pourtant, à son époque, l'image de la retraite se transformait et devenait plus attirante avec la perspective d'un temps libre pour les loisirs.

Depuis les 15 dernières années, ce temps s'est passablement allongé et constitue maintenant deux ou même trois étapes dont la première incite à re-traiter sa vie à travers l'élaboration d'un projet qui assure une utilité sociale significative. Hormis l'histoire de Paul et d'Hélène, la description de nombreux exemples a mis en évidence la variété des situations et des stratégies développées par les retraités pour s'adapter et s'organiser un mode de vie satisfaisant.

La multiplicité actuelle des modèles de retraite laisse entrevoir une mosaïque bigarrée. À tel point qu'on ne sait plus aujourd'hui, en ce début de siècle, comment désigner les nouvelles classes de retraités, tant il s'agit de rendre compte de situations complexes et diversifiées. Des dénominations apparaissent pour bien marquer les distinctions à l'intérieur du groupe des retraités toujours plus imposant. Ainsi, on parle de «jeune-vieux» ou de «vieux-vieux», de personnes du *mid life*, du troisième ou du quatrième âge, d'aînés, de seniors, de *papy-booms* et autres, pour préciser l'étape à laquelle ils se trouvent.

Cependant, pour qualifier des pratiques et des expériences qui, jadis, n'appartenaient pas vraiment au monde des retraités, on utilise d'autres appellations moins répandues, mais qui dépeignent les nouvelles réalités. C'est ainsi que l'on fait usage des préfixes tels que «ex»-retraité ou «pseudo»-retraité pour signifier le retour sur le marché du travail d'un retraité ou encore, le maintien d'une activité rémunérée. Les personnes impliquées dans ces parcours hors norme ont toutefois en commun de percevoir une pension de retraite et cela, même si elles touchent des revenus d'emploi ou des honoraires. Des qualificatifs accolés à la retraite établissent également une différence. Dans le langage courant, on parle de plus en plus de «vraie» ou de «fausse» retraite, selon l'orientation du projet de retraite vers

les loisirs ou vers des activités associées à l'emploi de type classique. Du moment qu'il s'agit d'activités, rémunérées ou non, à
caractère professionnel, on a l'impression de s'éloigner de la
« vraie » retraite et d'être dans une deuxième ou troisième carrière. Le fait de nommer ce qui se déroule sous nos yeux permet d'avoir une conscience plus claire des transformations en
cours.

Quelques signes traduisent les nouvelles tendances et incitent à une redéfinition du passage à la retraite et même à une
révision de l'ensemble du parcours de vie. Qu'en sera-t-il des
enfants d'Hélène et de Paul qui ont aujourd'hui 23 et 27 ans?
Expérimenteront-ils cette nouvelle interprétation du cycle de
vie tournée vers un parcours flexible ou vers une « pluriactivité »? Ce modèle qui nous semble presque utopique maintenant se concrétisera peut-être partiellement. Une chose est sûre
cependant, c'est que les jeunes adultes d'aujourd'hui ne traver-
seront pas cette étape dans des conditions identiques à celles
de leurs parents. Si l'expérience de la retraite de Paul diffère de
celles de son père et de son grand-père, celle de ses enfants a
toutes les chances d'être encore plus différente. Et comme certains le prétendent, le XXIe siècle sera-t-il celui de la « révolution
grise » ou d'un « super troisième âge »?

# BIBLIOGRAPHIE

ATTIAS-DONFUT, Claudine, *Sociologie des générations,* Paris, Presses universitaires de France, 1988.

ATTIAS-DONFUT, Claudine, «Solidarités invisibles entre générations», *Projet. La retraite dans le désordre,* n° 249, 1997.

BRAULT, Marie-Marthe T., *Mères et filles au bout de la vie,* Sainte-Foy, Presses de l'Université Laval et Institut québécois de recherche sur la culture, 1998.

CARETTE, J. et S. LAMONT, «À propos des pouvoirs gris», *Nouvelles pratiques sociales,* vol. 1, n° 1, 1988.

DORION, M., C. FLEURY et D. P. LECLERC, *Que deviennent les nouveaux retraités de l'État ?,* Québec, Université Laval et Emploi Québec, 1998.

DUBAR, Claude, *La socialisation. Construction des identités sociales et professionnelles,* Paris, Armand Colin, 1991.

DUMAZEDIER, Joffre, *Révolution culturelle du temps libre 1968-1988,* Paris, Méridiens Klincksieck, 1988.

FILLION, S. et C. FORTIER, «La vie, deux ans après la retraite», *Au fil des événements,* vol. 34, n° 28, 29 avril 1999.

GAULLIER, Xavier, *La deuxième carrière. Âges, emplois, retraites,* Paris, Seuil, 1988.

GAULLIER, Xavier, *Les temps de la vie. Emploi et retraite,* Paris, Éditions Esprit, 1999.

GAUTHIER, Madeleine, (dir.), *Pourquoi partir ? La migration des jeunes d'hier et d'aujourd'hui,* Sainte-Foy, Presses de l'Université Laval et Institut québécois de recherche sur la culture, 1997.

GOWER, Dave, «La retraite chez les couples qui travaillent», *L'emploi et le revenu en perspective,* vol. 10, n° 3, 1998.

GUILLEMARD, A.-M., *La retraite: une mort sociale. Sociologie des conduites en situation de retraite,* Paris, Mouton, 1972.

GUTTON, Jean-Pierre, *Naissance du vieillard. Essai sur l'histoire des rapports entre les vieillards et la société en France,* Paris, Aubier, 1988.

HAGESTAD, G. O., «Social perspectives on the life course», E. Shanas et R. Binstock (dir.), *Handbook of Aging and the Social Sciences,* 3ᵉ édition, New York, Reinhold, 1989.

HERFRAY, Charlotte, *La vieillesse. Une interprétation psychanalytique,* Paris, Épi/Desclée de Brouwer, 1988.

HOUDE, Renée, *Les temps de la vie. Le développement psychosocial de l'adulte selon la perspective du cycle de vie,* 3ᵉ édition, Boucherville, Gaëtan Morin éditeur, 1999.

JAQUES, Elliot, «Mort et crise du milieu de la vie», D. Anzieu et R. Kaës (dir.), *Psychanalyse et génie créateur,* Paris, Dunod, 1974.

LABBÉ, Mario, *La vie à la retraite des membres de l'AREQ. Résultats d'un sondage réalisé en septembre 1998,* Québec, L'Association des retraitées et retraités de l'enseignement du Québec, 1999.

LALIVE D'ÉPINAY, Christian, *Vieillir ou la vie à inventer,* Paris, L'Harmattan, 1991.

LECLERC, G. et J. PROULX, «Les dynamismes positifs du vieillissement», *Questions de culture. La culture de l'âge,* n° 6, 1984.

L'ÉCUYER, René, *Le développement du concept de soi de l'enfance à la vieillesse,* Montréal, Presses de l'Université de Montréal, 1994.

LINTEAU, P.-A., R. DUROCHER et J.-C. ROBERT, *Histoire du Québec contemporain. De la Confédération à la crise (1867-1929),* Montréal, Boréal Express, 1979.

MAHEU, Claude, *La retraite. Essai de définition,* Québec, Les Publications du Québec, 1986.

MERCIER, Lucie, *Continuité et inversion: deux modèles de passage à la retraite,* thèse de doctorat (sociologie), Québec, Université Laval, 1993.

MERCIER, Lucie, « La retraite anticipée : une stratégie de contournement », C. LAMOUREUX et E. M. MORIN (dir.), *Travail et carrière en quête de sens,* Québec, Casablanca et Lausanne, Presses Inter Universitaires, Éditions 2 continents et Lena Éditions, 1998.

MONETTE, Manon, « La retraite durant les années 1990 », *Tendances sociales canadiennes,* n° 42, 1996.

NEUGARTEN, Bernice, « Time, age and life cycle », *American Journal of Psychiatry,* n° 136, 1979.

PILON, Alain, « La vieillesse : reflet d'une construction sociale du monde », *Nouvelles pratiques sociales,* vol. 3, n° 2, 1990.

PITAUD, P. et R. VERCAUTEREN, *Acteurs et enjeux de la gérontologie sociale,* Toulouse, Éditions Érès, 1993.

PLAMONDON, L., J. CARETTE et G. PLAMONDON, *Les enjeux après cinquante ans,* Paris, Laffont, 1984.

PRONOVOST, Gilles, *Sociologie du temps,* Paris et Bruxelles, Université De Boeck, 1996.

ROUSSEL, Louis, « Les relations intergénérationnelles au moment de la vieillesse des parents », *Gérontologie et société,* n° 55, 1990.

ROUSSEL, L. et A. GIRARD, « Régimes démographiques et âges de la vie », *Âges de la vie,* Paris, Presses universitaires de France, 1982.

ROWAN, Renée, « Accepter de changer, éviter de vieillir », *Le Devoir,* 16 mai 1991.

ULYSSE, P.-J. et F. LESEMANN, « On ne vieillit plus aujourd'hui de la même façon qu'hier », *Lien social et Politiques-RIAC,* n° 38, 1997.

VILLEZ, Alain, « Retraite utile », *Projet. La retraite dans le désordre,* n° 249, 1997.

# TABLE DES MATIÈRES

Préface. . . . . . . . . . . . . . . . . . . . . . . . . . . . . . . . . . . . . . .    9
Introduction . . . . . . . . . . . . . . . . . . . . . . . . . . . . . . . . . .   11

PREMIÈRE PARTIE :
   La retraite au fil du temps

   Chapitre premier: Émergence de la retraite . . . . . . . . . .   19
      Aux origines.... . . . . . . . . . . . . . . . . . . . . . . . . . . . . . . .   20
      Le développement industriel et ses conséquences. . .   21
      Philippe, le grand-père de Paul. . . . . . . . . . . . . . . . . .   24
      Les débuts de la retraite au Canada et au Québec . . .   29
      Le parcours de René . . . . . . . . . . . . . . . . . . . . . . . . . .   32
      L'avènement du troisième âge et du « pouvoir gris » . .   34

   Chapitre II: Transformation du cycle de vie. . . . . . . . . . .   39
      Le cycle de vie d'hier. . . . . . . . . . . . . . . . . . . . . . . . . .   40
      Le cycle de vie à trois temps. . . . . . . . . . . . . . . . . . . .   44
      Du cycle de vie à trois temps au cycle de vie à
         quatre temps. . . . . . . . . . . . . . . . . . . . . . . . . . . . . . .   45
      La crise du milieu de la vie. . . . . . . . . . . . . . . . . . . . .   47
      Le cycle de vie d'aujourd'hui . . . . . . . . . . . . . . . . . . .   51
      Deux conceptions du cycle de vie. . . . . . . . . . . . . . . .   54

DEUXIÈME PARTIE:
La retraite dans le temps d'une vie

Chapitre III: Pistes pour une réflexion .............. 61
  Paul, avant la retraite......................... 62
  Les circonstances du retrait................... 67
  Développement de la retraite précoce........... 72
  La place du travail ........................... 75
  À propos de la sociabilité ..................... 79
  Représentation de la retraite et des retraités ....... 82
  Paul et la première année de retraite............. 87

Chapitre IV: Situation personnelle et familiale ........ 91
  Les stades d'adaptation ....................... 92
  Une transition inachevée....................... 99
  La situation du conjoint....................... 100
  Qu'en est-il de Paul et d'Hélène?............... 108
  Les responsabilités envers les enfants ............. 109
  Le rôle de grand-parent....................... 112
  Les responsabilités envers les parents âgés ......... 115
  L'aménagement de l'espace ................... 118

TROISIÈME PARTIE:
La retraite: un temps à soi et aux autres

Chapitre V: Re-traiter sa vie...................... 127
  Une vision dynamique de la croissance humaine ... 129
  Le moment de penser et d'élaborer des projets ..... 132
  De la variété des modèles de retraite............. 135
  Vers la construction d'un projet ................. 141
  Projets et pratiques: quelques avenues........... 148
  Vers une conception autre du travail et de l'activité... 153
  Vers un cycle de vie renouvelé................. 155

Conclusion ...................................... 159
Bibliographie ................................... 163

LES ÉDITIONS DE L'HOMME

## Plein air, sports, loisirs

\* **30 ans de photos de hockey,** Denis Brodeur
\* **L'ABC du bridge,** Frank Stewart et Randall Baron
\* **Almanach chasse et pêche 93,** Alain Demers
  L'arc et la chasse, Greg Guardo
\* **Les armes de chasse,** Charles Petit-Martinon
  L'art du pliage du papier, Robert Harbin
  La basse sans professeur, Laurence Canty
  La batterie sans professeur, James Blades et Johnny Dean
  Beautés sauvages du Québec, H. Wittenborn et A. Croteau
  Les bons cigares, H. Paul Jeffers et Kevin Gordon
  Le bridge, Viviane Beaulieu
  Carte et boussole, Björn Kjellström
  Le chant sans professeur, Graham Hewitt
\* **Charlevoix,** Mia et Klaus
\* **Circuits pittoresques du Québec,** Yves Laframboise
  La clarinette sans professeur, John Robert Brown
  Le clavier électronique sans professeur, Roger Evans
  Comment vaincre la peur de l'eau…, R. Zumbrunnen et J. Fouace
  Le golf après 50 ans, Jacques Barrette et D$^r$ Pierre Lacoste
\* **Les clés du scrabble,** Pierre-André Sigal et Michel Raineri
  Corrigez vos défauts au golf, Yves Bergeron
\* **Le curling,** Ed Lukowich
\* **De la hanche aux doigts de pieds — Guide santé pour l'athlète,** M. J. Schneider et M. D. Sussman
\* **Devenir gardien de but au hockey,** François Allaire
\* **Les éphémères du pêcheur québécois,** Yvon Dulude
  L'esprit de l'aïkido, Massimo N. di Villadorata
\* **Exceller au softball,** Dick Walker
\* **Exceller au tennis,** Charles Bracken
\* **Les Expos,** Denis Brodeur et Daniel Caza
  La flûte à bec sans professeur, Alain Bergeron
  La flûte traversière sans professeur, Howard Harrison
\* **Les gardiens de but au hockey,** Denis Brodeur
  Le golf au féminin, Yves Bergeron et André Maltais
  Le grand livre des patiences, Pierre Crépeau
  Le grand livre des sports, Le groupe Diagram
  Les grands du hockey, Denis Brodeur
  Le guide complet du judo, Louis Arpin
  Le guide complet du self-defense, Louis Arpin
\* **Le guide de la chasse,** Jean Pagé
\* **Guide de la forêt québécoise,** André Croteau
\* **Le guide de la pêche au Québec,** Jean Pagé
  Guide de mise en forme, P. Anctil, G. Thibault et P. Bergeron
\* **Le guide des auberges et relais de campagne du Québec,** François Trépanier
\* **Guide des jeux scouts,** Association des Scouts du Canada
  Le guide de survie de l'armée américaine, Collectif
  Guide d'orientation avec carte, boussole et GPS, Paul Jacob
  Guide pratique de survie en forêt, Jean-Georges Deschenaux
  La guitare électrique sans professeur, Robert Rioux
  La guitare sans professeur, Roger Evans
  L'harmonica sans professeur, Alain Lamontagne et Michel Aubin
\* **Les Îles-de-la-Madeleine,** Mia et Klaus
\* **Initiation à l'observation des oiseaux,** Michel Sokolyk
\* **Jacques Villeneuve,** Gianni Giansanti
\* **J'apprends à nager,** Régent la Coursière
\* **Le Jardin botanique,** Mia et Klaus
\* **Je me débrouille à la chasse,** Gilles Richard
\* **Je me débrouille à la pêche,** Serge Vincent
\* **Jeux cocasses au vieux Forum,** Denis Brodeur et Jacques Thériault
\* **Jeux pour rire et s'amuser en société,** Claudette Contant
  Jouer au golf sans viser la perfection, Bob Rotella et Bob Cullen
  Jouons au scrabble, Philippe Guérin
  Le karaté Koshiki, Collectif

**Le karaté Kyokushin,** André Gilbert
* **Leçons de golf,** Claude Leblanc
**Le livre des patiences,** Maria Bezanovska et Paul Kitchevats
**Le livre du billard,** Pierre Morin
* **Manon Rhéaume,** Chantal Gilbert
**Manuel de pilotage,** Transport Canada
**Le manuel du monteur de mouches,** Mike Dawes
**Le marathon pour tous,** Pierre Anctil, Daniel Bégin et Patrick Montuoro
* **Mario Lemieux,** Lawrence Martin
* **Maurice Richard,** Craig Macinnis
**La médecine sportive,** D$^r$ Gabe Mirkin et Marshall Hoffman
* **La musculation pour tous,** Serge Laferrière
* **La nature en hiver,** Donald W. Stokes
* **Nos oiseaux en péril,** André Dion
**L'ouverture aux échecs pour tous,** Camille Coudari
* **Les papillons du Québec,** Christian Veilleux et Bernard Prévost
**Parlons franchement des enfants et du sport,** J. E. LeBlanc et L. Dickson
* **La photographie sans professeur,** Jean Lauzon
**Le piano jazz sans professeur,** Bob Kail
**Le piano sans professeur,** Roger Evans
**La planche à voile,** Gérald Maillefer
**La plongée sous-marine,** Richard Charron et Michel Lavoie
**Pour l'amour du ciel,** Bernard R. Parker
* **Les Québécois à Lillehammer,** Bernard Brault et Michel Marois
* **Racquetball,** Jean Corbeil
* **Racquetball plus,** Jean Corbeil
* **Rivières et lacs canotables du Québec,** Fédération québécoise du canot-camping
**Le Saint-Laurent, un fleuve à découvrir,** Marie-Claude Ouellet
**S'améliorer au tennis,** Richard Chevalier
* **Le saumon,** Jean-Paul Dubé
**Le saxophone sans professeur,** John Robert Brown
* **Le scrabble,** Daniel Gallez
**Les secrets du blackjack,** Yvan Courchesne
**Le solfège sans professeur,** Roger Evans
* **Sylvie Fréchette,** Lilianne Lacroix
**La technique du ski alpin,** Stu Campbell et Max Lundberg
**Techniques du billard,** Robert Pouliot
* **Le tennis,** Denis Roch
* **Tiger Woods,** Tim Rosaforte
* **Le tissage,** Germaine Galerneau et Jeanne Grisé-Allard
**Tous les secrets du golf selon Arnold Palmer,** Arnold Palmer
**La trompette sans professeur,** Digby Fairweather
* **Les vacances en famille: comment s'en sortir vivant,** Erma Bombeck
**Villeneuve — Ma première saison en Formule 1,** J. Villeneuve et G. Donaldson
**Le violon sans professeur,** Max Jaffa
**Voir plus clair aux échecs,** Henri Tranquille et Louis Morin
**Le volley-ball,** Fédération de volley-ball

# Psychologie, vie affective, vie professionnelle, sexualité

**20 minutes de répit,** Ernest Lawrence Rossi et David Nimmons
**1001 stratégies amoureuses,** Marie Papillon
**À dix kilos du bonheur,** Danielle Bourque
**L'adultère est un péché qu'on pardonne,** Bonnie Eaker Weil et Ruth Winter
* **Aider mon patron à m'aider,** Eugène Houde
**Aimer et se le dire,** Jacques Salomé et Sylvie Galland
**Aimer un homme sans se laisser dominer,** Harrison Forrest
**À la découverte de mon corps — Guide pour les adolescentes,** Lynda Madaras
**À la découverte de mon corps — Guide pour les adolescents,** Lynda Madaras
**L'amour comme solution,** Susan Jeffers
* **L'amour, de l'exigence à la préférence,** Lucien Auger
* **L'amour en guerre,** Guy Corneau
**L'amour entre elles,** Claudette Savard
**Les anges, mystérieux messagers,** Collectif
**Apprendre à dire non,** Marcelle Lamarche et Pol Danheux

**L'apprentissage de la parole**, R. Michnik Golinkoff et K. Hirsh-Pasek
**L'approche émotivo-rationnelle**, Albert Ellis et Robert A. Harper
**Arrosez les fleurs pas les mauvaises herbes**, Fletcher Peacock
**L'art de discuter sans se disputer**, Robert V. Gerard
**L'art de parler en public**, Ed Woblmuth
**L'art d'être parents**, D$^r$ Benjamin Spock
\* **Astrologie 2000**, Andrée d'Amour
**Attention, parents!**, Carol Soret Cope
**Au cœur de l'année monastique**, Victor-Antoine d'Avila-Latourrette
**Balance en amour**, Linda Goodman
**Bélier en amour**, Linda Goodman
**Bientôt maman**, Janet Whalley, Penny Simkin et Ann Keppler
\* **Le bonheur au travail**, Alan Carson et Robert Dunlop
**Cancer en amour**, Linda Goodman
**Capricorne en amour**, Linda Goodman
**Ces chers parents!...**, Christina Crawford
**Ces gens qui vous empoisonnent l'existence**, Lillian Glass
\* **Ces hommes qui méprisent les femmes... et les femmes qui les aiment**, D$^r$ Susan Forward et Joan Torres
**Ces pères qui ne savent pas aimer**, Monique Brillon
**Ces visages qui en disent long**, Jeanne-Élise Alazard
**Changer en douceur**, Alain Rochon
**Changer ensemble — Les étapes du couple**, Susan M. Campbell
**Changer, oui, c'est possible**, Martin E. P. Seligman
**Les clés du succès**, Napoleon Hill
**Comment aider mon enfant à ne pas décrocher**, Lucien Auger
**Comment communiquer avec votre adolescent**, E. Weinhaus et K. Friedman
**Comment contrôler l'inquiétude et l'utiliser efficacement**, D$^r$ E. M. Hallowell
**Comment faire l'amour sans danger**, Diane Richardson
\* **Comment parler en public**, S. Barrat et C. H. Godefroy
**Comment s'amuser à séduire l'autre**, Lili Gulliver
**Comment s'entourer de gens extraordinaires**, Lillian Glass
**Communiquer avec les autres, c'est facile!**, Érica Guilane-Nachez
**Le complexe de Casanova**, Peter Trachtenberg
\* **Comprendre et interpréter vos rêves**, Michel Devivier et Corinne Léonard
**La concentration créatrice**, Jean-Paul Simard
**La côte d'Adam**, M. Geet Éthier
**Couples en péril réagissez!**, D$^r$ Arnold Brand
**Découvrez votre quotient intellectuel**, Victor Serebriakoff
**Découvrir un sens à sa vie avec la logothérapie**, Viktor E. Frankl
**Le défi de vieillir**, Hubert de Ravinel
\* **De ma tête à mon cœur**, Micheline Lacasse
**La dépression contagieuse**, Ronald M. Podell
**La deuxième année de mon enfant**, Frank et Theresa Caplan
**Développez votre charisme**, Tony Alessandra
**Devenez riche**, Napoleon Hill
\* **Dieu ne joue pas aux dés**, Henri Laborit
**Dominez votre anxiété avant qu'elle ne vous domine**, Albert Ellis
**Les douze premiers mois de mon enfant**, Frank Caplan
**Les dynamiques de la personne**, Denis Ouimet
**Dynamique des groupes**, Jean-Marie Aubry
**En attendant notre enfant**, Yvette Pratte Marchessault
\* **Les enfants de l'autre**, Erna Paris
**Les enfants de l'indifférence**, Andrée Ruffo
\* **L'enfant unique — Enfant équilibré, parents heureux**, Ellen Peck
**L'Ennéagramme au travail et en amour**, Helen Palmer
**Entre le rire et les larmes**, Élisabeth Carrier
\* **L'esprit du grenier**, Henri Laborit
**Êtes-vous faits l'un pour l'autre?**, Ellen Lederman
\* **L'étonnant nouveau-né**, Marshall H. Klaus et Phyllis H. Klaus
**Être soi-même**, Dorothy Corkille Briggs
\* **Évoluer avec ses enfants**, Pierre-Paul Gagné
**Exceller sous pression**, Saul Miller
\* **Exercices aquatiques pour les futures mamans**, Joanne Dussault et Claudia Demers
**Fantaisies amoureuses**, Marie Papillon
**La femme indispensable**, Ellen Sue Stern
**La force intérieure**, J. Ensign Addington

**Le fruit défendu,** Carol Botwin
**Gémeaux en amour,** Linda Goodman
**Le goût du risque,** Gert Semler
**Le grand dauphin blanc,** Bruno Saint-Cast
* **Le grand manuel des cristaux,** Ursula Markham
**La graphologie au service de votre vie intime et professionnelle,** Claude Santoy
**Guérir des autres,** Albert Glaude
**Le guide du succès,** Tom Hopkins
* **Heureux comme un roi,** Benoît L'Herbier
**Histoire d'une femme traquée,** Gaëtan Dufour
**L'histoire merveilleuse de la naissance,** Jocelyne Robert
**Horoscope chinois 2000,** Neil Somerville
**Les initiales du bonheur,** Ronald Royer
**L'insoutenable absence,** Regina Sara Ryan
**J'ai commis l'inceste,** Gilles David
* **J'aime,** Yves Saint-Arnaud
**J'ai rendez-vous avec moi,** Micheline Lacasse
**Jamais seuls ensemble,** Jacques Salomé
**Je crois en moi et je vais mieux!,** Christ Zois et Patricia Fogarty
**Je réinvente ma vie,** J. E. Young et J. S. Klosko
* **Le journal intime intensif,** Ira Progoff
**Le langage du corps,** Julius Fast
**Lion en amour,** Linda Goodman
**Le mal des mots,** Denise Thériault
**Maman a raison, papa n'a pas tort...,** D$^r$ Ron Taffel
**Maman, bobo!,** Collectif
**Les manipulateurs sont parmi nous,** Isabelle Nazare-Aga
**Ma sexualité de 0 à 6 ans,** Jocelyne Robert
**Ma sexualité de 6 à 9 ans,** Jocelyne Robert
**Ma sexualité de 9 à 12 ans,** Jocelyne Robert
**La méditation transcendantale,** Jack Forem
**Le mensonge amoureux,** Robert Blondin
**Mère à la maison et heureuse!** Cindy Tolliver
**Mettez du feng shui dans votre vie,** George Birdsall
* **Mon enfant naîtra-t-il en bonne santé?,** Jonathan Scher et Carol Dix
* **Mon journal de rêves,** Nicole Gratton
**Parent responsable, enfant équilibré,** François Dumesnil
**Parle, je t'écoute...,** Kris Rosenberg
**Parle-moi... j'ai des choses à te dire,** Jacques Salomé
**Parlez-leur d'amour et de sexualité,** Jocelyne Robert
**Parlez pour qu'on vous écoute,** Michèle Brien
**Partir ou rester?,** Peter D. Kramer
**Pas de panique!,** D$^r$ R. Reid Wilson
**Pensez comme Léonard de Vinci,** Michael J. Gelb
**Père manquant, fils manqué,** Guy Corneau
**Petit bonheur deviendra grand,** Éliane Francœur
**La peur d'aimer,** Steven Carter et Julia Sokol
**Les peurs infantiles,** D$^r$ John Pearce
**Peut-on être un homme sans faire le mâle?,** John Stoltenberg
* **Les plaisirs du stress,** D$^r$ Peter G. Hanson
**La plénitude sexuelle,** Michael Riskin et Anita Banker-Riskin
**Poissons en amour,** Linda Goodman
**Pour en finir avec le trac,** Peter Desberg
**Pour entretenir la flamme,** Marie Papillon
**Pourquoi l'autre et pas moi? — Le droit à la jalousie,** D$^r$ Louise Auger
**Le pouvoir d'Aladin,** Jack Canfield et Mark Victor Hansen
**Le pouvoir de la couleur,** Faber Birren
**Le pouvoir de la pensée «négative»,** Tony Humphreys
**Préparez votre enfant à l'école dès l'âge de 2 ans,** Louise Doyon
* **Prévenir et surmonter la déprime,** Lucien Auger
**Le principe de Peter,** L. J. Peter et R. Hull
**Les problèmes de sommeil des enfants,** D$^r$ Susan E. Gottlieb
**Psychologie de l'enfant de 0 à 10 ans,** Françoise Cholette-Pérusse
* **La puberté,** Angela Hines
**La puissance de la vie positive,** Norman Vincent Peale
**La puissance de l'intention,** Richard J. Leider

**Qui a peur d'Alexander Lowen?,** Édith Fournier
**Réfléchissez et devenez riche,** Napoleon Hill
**La réponse est en moi,** Micheline Lacasse
**Les rêves, messagers de la nuit,** Nicole Gratton
**Rêves, signes et coïncidences,** Laurent Lachance
**Rompre pour de bon!,** Joyce L. Vedral
**Ronde et épanouie!,** Cheri K. Erdman
**S'affirmer au quotidien,** Éric Schuler
**S'affirmer et communiquer,** Jean-Marie Boisvert et Madeleine Beaudry
**S'aider soi-même davantage,** Lucien Auger
**Sagittaire en amour,** Linda Goodman
**Scorpion en amour,** Linda Goodman
**Se comprendre soi-même par des tests,** Collaboration
**Se connaître soi-même,** Gérard Artaud
* **Le secret de Blanche,** Blanche Landry
**Secrets d'alcôve,** Iris et Steven Finz
**Les secrets de la flexibilité,** Priscilla Donovan et Jacquelyn Wonder
**Les secrets de l'astrologie chinoise ou le parfait bonheur,** André H. Lemoine
**Séduire à coup sûr,** Leil Lowndes
* **Se guérir de la sottise,** Lucien Auger
**S'entraider,** Jacques Limoges
* **La sexualité du jeune adolescent,** D$^r$ Lionel Gendron
**La sexualité pour le plaisir et pour l'amour,** D. Schmid et M.-J. Mattheeuws
**Si je m'écoutais je m'entendrais,** Jacques Salomé et Sylvie Galland
* **Superlady du sexe,** Susan C. Bakos
**Taureau en amour,** Linda Goodman
**Le temps d'apprendre à vivre,** Lucien Auger
**Tics et problèmes de tension musculaire,** Kieron O'Connor et Danielle Gareau
**Tirez profit de vos erreurs,** Gerard I. Nierenberg
**Tout se joue avant la maternelle,** Masaru Ibuka
* **Travailler devant un écran,** D$^r$ Helen Feeley
**Un autre corps pour mon âme,** Michael Newton
* **Un monde insolite,** Frank Edwards
**Une vie à se dire,** Jacques Salomé
* **Un second souffle,** Diane Hébert
**Verseau en amour,** Linda Goodman
* **La vie antérieure,** Henri Laborit
**Vieillir au masculin,** Hubert de Ravinel
**Vierge en amour,** Linda Goodman
**Vivre avec un cardiaque,** Rhoda F. Levin
**Vos enfants consomment-ils des drogues?,** Steve Carper et Timothy Dimoff
**Votre enfant est-il trop sensible?,** Janet Poland et Judi Craig
**Votre enfant est-il victime d'intimidation?,** Sarah Lawson
**Vouloir c'est pouvoir,** Raymond Hull
**Vous valez mieux que vous ne pensez,** Patricia Cleghorn

Cet ouvrage a été achevé d'imprimer
en mars 2000.